陕西省软科学项目“企业家精神对陕西经济增长的空间溢出效应研究”（2019KRM129）
西安市软科学项目“西安市企业家精神与经济发展质量的时空耦合关系研究”（2019111813RKX002SF006-6）

经济管理学术文库·经

企业家精神对区域经济增长的空间溢出效应研究

Spatial Spillover Effect of Entrepreneurship on Regional Economic Growth

汪辉平／著

经济管理出版社
ECONOMY & MANAGEMENT PUBLISHING HOUSE

图书在版编目（CIP）数据

企业家精神对区域经济增长的空间溢出效应研究/汪辉平著．—北京：经济管理出版社，2020.10

ISBN 978-7-5096-7255-6

Ⅰ.①企… Ⅱ.①汪… Ⅲ.①企业家—企业精神—影响—区域经济发展—经济效率—研究—中国 Ⅳ.①F127

中国版本图书馆 CIP 数据核字(2020)第 128489 号

组稿编辑：王　洋
责任编辑：王　洋
责任印制：黄章平
责任校对：董杉珊

出版发行：经济管理出版社
（北京市海淀区北蜂窝 8 号中雅大厦 A 座 11 层　100038）
网　　址：www. E-mp. com. cn
电　　话：(010) 51915602
印　　刷：北京玺诚印务有限公司
经　　销：新华书店
开　　本：720mm×1000mm/16
印　　张：11.25
字　　数：196 千字
版　　次：2020 年 11 月第 1 版　　2020 年 11 月第 1 次印刷
书　　号：ISBN 978-7-5096-7255-6
定　　价：88.00 元

前　言

企业家是经济活动的重要主体，企业家精神是经济发展的重要源泉。改革开放以来，一大批优秀企业家在市场竞争中脱颖而出，为积累社会财富、创造就业岗位、促进经济社会发展做出了重要贡献。2014 年 9 月，李克强总理发出“大众创业、万众创新”的号召，此后，创新创业成为了当下的时代风潮。但与此同时，我们也关注到，大量新创企业举步维艰，创新创业成功率过低成为“双创”过程中无法回避的难题。随着开心网、博湃养车、小蓝单车、绿盒子、搜狐社区等众多著名企业的倒闭，创业神话的相继破灭，需要我们重归市场理性，重塑企业家精神。唯有凭借那些在市场中顽强拼搏塑造出企业家精神的创业者，以及在实践中千锤百炼才培养出具有工匠精神的创新者，才能引领和激发全社会的创业创新创造活力。2017 年 9 月，中央出台《关于营造企业家健康成长环境弘扬优秀企业家精神更好发挥企业家作用的意见》，进一步强调了企业家精神对深化供给侧结构性改革、激发市场活力、实现经济社会持续健康发展的重要作用。但从中国现实状况来看，企业家精神区域分布不均衡，且已严重制约了区域经济协调发展。因此，从空间关联视角，识别企业家精神的空间分布、空间溢出及其对区域经济增长的影响，无疑具有重要的理论价值和实践意义。

本书在现有研究基础上，首先将“企业家资本”引入空间局部溢出模型，分析了企业家精神影响区域经济增长的空间溢出效应，构建了一个企业家精神与区域经济增长的空间分析框架；其次，利用空间统计和空间计量方法，实证检验了企业家精神的空间分布特征、空间溢出效应及其对区域经济增长的影响；最后，基于实证研究结果提出了促进企业家精神发展及其对区域经济增长溢出作用的相关对策建议。研究发现，企业家精神通过循环累积因果效应、内生经济增长集聚效应、知识溢出的扩散效应、补偿效应等机制作用于区域经济增长；企业家精神在各地区之间存在明显的差距，在地理空间分布上呈现出显著的局部集聚特征；企业家精神存在显著的正向空间溢出效应，会受到制度环境的直接效应和溢出效应的双重影响；区域经济增长存在显著的正向空间溢出效应，且溢出效应随着空间距离的增大而减弱。企业家精神对区域经济增长具有显著的正向空间溢出效应，且溢出效应会随着空间距离的增大而改变。

本书的创新之处主要有以下四点：

（1）揭示了企业家精神影响区域经济增长的空间关联机制。在现有关于企业家精神与区域经济增长的研究中，很少考虑到空间因素的作用。根据“地理学第一定律”，企业家精神不仅对本地区经济活动产生影响，而且还可能对其他地区的经济活动产生影响。本书基于新经济地理学和内生经济增长理论，将空间因素纳入一般均衡分析框架，在空间局部溢出模型中引入企业家资本，采用数理模型处理集聚力和分散力之间的均衡问题，分析经济系统在短期均衡和长期均衡下的稳定性特征，论证了企业家精神在促进区域经济增长中空间因素所发挥的重要作用，并构建了企业家精神与区域经济增长的空间分析框架，弥补了企业家精神研究中长期以来忽视空间分析的缺憾。

（2）构建了企业家精神的评价指标体系，分析了中国省域企业家精神的空间分布特征和集聚特征。现有研究大多采用自我雇佣率、企业所有权比率、专利申请量等单一指标或者组合指标来衡量企业家精神，这难以反映区域层面企业家精神的全貌特征，更无法准确描述企业家精神的空间分布格局。本书立足中国国情，从人力投入、资本投入、协同创新、产业发展、创新产出、创业产出六个方面，构建了企业家精神评价指标体系，采用全局主成分分析法测度了中国省域企业家精神现状，并利用探索性空间数据分析方法（ESDA）描述企业家精神的空间分布特征和集聚特征，为整体判断企业家精神发展情况及区域差异提供了依据。

（3）通过多维度空间因素的综合分析和检验，揭示了企业家精神的空间溢出效应及其影响因素。现有研究对企业家精神空间溢出效应的关注较少，且在探讨企业家精神的影响因素时，大多未考虑空间相关性，忽略了来自其他地区企业家精神和影响因素的干扰，这可能会高估或低估本地区影响因素的作用强度。本书从新经济地理学的角度阐述了企业家精神的外部性和溢出效应，通过空间计量模型分析，进一步检验了企业家精神的空间溢出效应，并从直接效应和溢出效应两个方面，揭示了经济环境、政治环境、法治水平、人口特征、基础设施等外部制度环境因素对企业家精神的影响程度，为促进企业家精神发展的政策制定提供了科学依据。

（4）利用空间杜宾模型实证检验了企业家精神对区域经济增长的空间溢出效应。现有关于企业家精神与区域经济增长的实证研究中，一般采用传统的计量方法进行参数估计，忽略了变量的空间相关性，这可能会导致结果产生偏差。为了弥补这一不足，本书将解释变量和被解释变量的空间滞后项纳入计量模型当中，采用夜间稳定灯光亮度作为经济增长的代理变量，从直接效应和溢出效应两个方面，检验了企业家精神对区域经济增长的影响，研究发现企业家精神不仅通过创造有利条件直接作用于本地区的经济增长，还通过溢出效应间接促进周边地区的经济增长。由于地区间经济增长存在空间联动性，企业家精神的溢出效应会产生空间反馈效应，使企业家精神对经济增长的影响在传递到周边地区后又反作用于本地区。

目　录

第一章　绪论

一、研究背景和研究意义

（一）研究背景

最近，有一段关于中国快递行业的故事在网上广为流传：1993 年，詹际盛和聂腾飞一起成立申通快递。1994 年，詹际盛离开申通，与弟弟詹际炜成立天天快递。詹际盛在上海的快递业务，交给了聂腾飞妻子陈小英的哥哥陈德军。1997 年底，申通创始人聂腾飞因车祸去世，陈小英兄妹接管申通。同时，聂腾飞的弟弟聂腾云离开申通，创办了韵达快递。2000 年，喻渭蛟在上海成立圆通快递，而他的妻子张小娟既是陈德军的同学，又是申通的会计。2002 年，他们的同班同学赖海松成立了中通快递。2012 年，申通收购天天快递 60% 的股权，并由原申通总裁奚春阳任董事长，而他正是陈小英的第二任丈夫。由此，申通、圆通、中通、韵达、天天这几家占据中国快递行业半壁江山的企业都起源于同一个地方——浙江桐庐县，经过数十年的快速发展，最终形成了势力庞大、盘根交错的快递“桐庐帮”。

从中国快递行业的故事中，我们可以清晰地看出，中国民营企业家发展的独特地缘路径，即在某个地区先产生一家企业，在该企业的带领下，又不断出现同类型的新企业，企业规模由小到大，企业数量由少到多，逐渐发展壮大，最终在该地区形成具有竞争力的产业集群和企业家集群。在中国经济发展史上，这样的例子又屡见不鲜，如历史上著名的“十大商帮”，再到改革开放之后，享誉海内外的苏南模式、温州模式、珠江模式等，企业家聚集之处正是区域经济发达之所，这正说明企业家所具有的鲜明地域特征与区域经济的繁荣发展息息相关。虽然在全球化过程中，随着互联网和信息技术的急速扩展，形成了全球化的“时空压缩”，社会结构、生产方式、生活规律等发生深刻变化（Harvey，1990）[1]。有学者们甚至认为由于互联网的实时传输作用，将引致空间界限的瓦解，地理因素在经济活动中已不再重要，甚至会出现“距离的消失”，地理区位优势将荡然无存（Cairncross，1997[2]；Shapiro and Varian，2000[3]）。但是，这种“无空间性”的预测过于简单，遭到了众多学者的反对，他们认为以互联网为代表的新技术，只是对原有交流方式的一种补充，并不能完全替代，只要各地区市场机会的不平等依然存在，空间地理因素就不会消失（Soltwedel and Laaser，2003[4]；Sinai and Waldfogel，2004[5]）。

近些年，对企业家经济活动空间地理特性的关注出现了快速增长趋势，主要体现在企业家精神的空间地域特征、地理在企业战略管理中的角色、企业家精神的知识溢出与区域经济增长、企业家精神的空间影响因素等（Acs et al.，2013[6]；Dana et al.，2014[7]；Bologna，2014[8]）。这些研究重点关注企业家精神与区域经济增长之间相辅相成的关系，主要是因为：一方面，被 Schumpeter 称为“创造性破坏”的企业家精神是一个时空现象，企业家精神的动态演变受到各地区独特的社会背景、历史机遇、制度环境、空间位置等因素的影响。空间地理位置影响新企业创建的起因、过程和结果，地区为企业家的创新创业活动提供了便捷的市场、劳动力、服务、技术等优厚条件，为企业家精神的发展提供了全方位的保障，使更多的知识、发明创造被用于商业化（Marcotte，2012[9]；Acs et al.，2013[6]；Fritsch and Storey，2014[10]）。另一方面，企业家通过整合土地、资本、技术等资源，发明新产品、新工艺、新方法，雇用员工，吸纳就业，提高劳动者收入，丰富产品市场，带动产业聚集，提供税收，促进地区产业发展等，新企业的建立以及现有企业的创新活动都是区域经济增长的基础（Baumgartner et al.，2013[11]；Toma et al.，2014[12]；Li et al.，2015[13]）。由此可见，企业家精神与区域经济发展之间相互依存，形成了一种持久并且良性互动循环的路径依赖关系（Brekke，2015）[14]。

2014 年 9 月，李克强总理在天津夏季达沃斯论坛上首提“大众创业、万众创新”，并随后将“双创”喻为中国经济增长的新引擎。2015 年《政府工作报告》将“双创”提升到中国经济转型和保增长的“双引擎”之一的高度，显示出政府对创业和创新的重视。这是因为，当前的中国在经济转型和产业升级过程当中，已经越来越感受到资源和环境的压力，而以创新创业为核心的企业家精神，正是中国经济在新常态下实现工业化和现代化、维持可持续增长的核心驱动力。为此，中央相继印发了《关于发展众创空间、推进大众创新创业的指导意见》《关于进一步做好新形势下就业创业工作的意见》《关于促进云计算创新发展、培育信息产业新业态的意见》等一系列推进创新创业的政策文件，随着这些政策的贯彻实施，“双创”的理念逐渐深入人心，家喻户晓，正在不断激发全国人民的创业热情和创新活力，一时之间，“双创”浪潮风起云涌。《2016 年大众创业万众创新发展报告》[①] 显示，中国创新创业主要呈现以下几个特点：创新创业正朝着高层次、深程度的方向转变，一大批科技含量高、发展前景好、市场估值高的企业不断显现；市场创新主体快速增加，2016 年全国新增企业数量为 410.8 万户，增速为 18.8%，技术合同成交额超过 1 万亿元；青年创业活跃程度高，比重达到 41.7%，包括央企在内的大型企业在人才、技术、市场等方面具有优势，对中小企业的引领带动作用逐渐加强，日益发展成创新创业的有生力量；创新创业呈现出鲜明的地域特征，北京、上海创新创业活跃程度显著高于其他地区，以“独角兽”企业为例，截止到 2015 年底，全国共有 70 家，但其中北京最多，为 40 家，占比接近 60%，其次是上海，为 15 家，杭州、深圳分别为 4 家和 3 家；共享经济、信息经济、智造经济等新兴经济业态发展迅速，逐渐成为经济增长的新动力，大量初创企业的诞生，还提供了众多的就业岗位，有效地缓解就业压力，2016 年，在全国 248 个城市中，初创企业提供的就业岗位达到 240 万个；“互联网 +”与创新创业深度结合，互联网逐渐演变为创新创业的主战场，2015 年，50% 以上的创业投资资金都流向了“互联网 +”行业，“互联网 +”的广泛应用为传统产业的转型升级提供了有效支撑；相关部门在推进简政放权的同时，在金融、互联网、知识产权保护、信用体系建设等领域加强了监管和惩治措施，创新创业环境不断完善。2016 年 3 月，习近平总书记在全国政协民建、工商联界委员联组会上提出，广大非公有制经济人士要完善企业经营管理制度，激发企业家精神，发挥企业家才能，增强企业内在活力和创造力。2016 年 12 月，习近平总书记在中央经济工作会议上指出，要保护企业家精神，支持企业家专心创新创业。2017 年 9 月，中央出台《关于营造企业家健康成长环境 弘扬优秀企业家精神更好发挥企业家作用的意见》，进一步强调了企业家精神对深化供给侧结构性改革、激发市场活力、实现经济社会持续健康发展的重要作用。

① 由国家发展改革委与人民出版社、中国宏观经济研究院于 2017 年 9 月联合发布。

总之，在各地区各部门的大力推动下，“双创”的深度和广度不断拓展，市场活力和全社会创造力进一步释放。但与此同时，我们也关注到，大量的新创企业举步维艰，尤其是在2015～2017年，开心网、博湃养车、小蓝单车、悟空单车、绿盒子、借卖网等一大批初创互联网企业纷纷倒闭，创新创业成功率过低成为“双创”过程中无法回避的难题，从中国投资机构的数据来看，创业成功率甚至不超过1%①。随着众多著名互联网企业的倒闭，创业神话的相继破灭，需要我们重归市场理性，重塑企业家精神，唯有凭借那些坚持不懈在市场中顽强拼搏多年才塑造出企业家精神的创业者，以及在实践中千锤百炼才培养出具有工匠精神的创新者，才能引领和激发全社会的创业创新创造活力。但从中国的现实状况来看，各地区企业家精神分布存在显著差异。《2015年中国创新创业指数》②显示，在公布的300多个城市名单中，位列前十名的城市分别为：北京、上海、深圳、广州、杭州、成都、重庆、南京、厦门和长沙，其中东部地区的城市占70%，企业家精神发展活跃，而中西部地区的城市只占30%，企业家精神发展相对落后。中国企业家精神区域分布不均衡，已经严重制约了区域经济协调发展。

因此，重新审视并识别以“创新创业”为核心的企业家精神的空间分布、空间溢出及其对区域经济增长的影响是亟待解决的重要问题。虽然企业家精神数据中含有空间维度的信息，但现有研究很少对此进行重点关注，而是把企业家精神的空间聚集视为一种“黑箱”来处理，试图从规模经济、要素流动、产业聚集之间的相互作用来解释企业家活动的空间聚集现象，然而对于聚集为何发生、何时发生以及是否稳定等问题无法给出令人信服的答案（朱乾等，2012）[15]。另外，传统的经济计量分析以时间维度与单要素分析为主，忽略了空间因素的影响，企业家精神具有空间网络性和区域外部性特征，不同区域之间的企业家精神具有空间上的相互依赖性和异质性，在忽略空间维度的理论模型框架下进行理论与实证分析，难免会导致研究结果产生偏差，与事实不符。因此，在研究企业家精神对区域经济增长的影响时必须对地理空间因素予以考虑。鉴于以上分析，本书根据当前理论和实证上的研究不足，旨在回答以下三个关键问题：

第一，中国企业家精神的空间分布特征如何？

由于中国幅员辽阔，区域之间的经济发展水平差距较大，企业家精神与所处

① http：//tech. qq. com/a/20170819/014662. htm.

② 由36氪、中国经济研究院和中国科学院大学共同编制。

的环境又密切相关，企业家精神的空间分布必然存在差别，那么如何准确衡量企业家精神并描绘企业家精神的空间分布特征，对于进一步深入分析企业家精神的空间溢出效应十分重要。因此，本书将首先关注如何构建符合中国国情的企业家精神评价指标体系以及如何描绘企业家精神的空间分布特征。

第二，企业家精神是否存在空间溢出效应，影响因素有哪些？

根据“地理学第一定律”，企业家的创新创业行为不仅受到特定地理位置的影响，还可能受到其他地区企业家行为的影响，中国省域企业家精神是否存在这一空间溢出效应？还需要进一步检验。中国独特的地域特征和制度环境，塑造了创造性、多样性与主动性并存的企业家群体和企业家精神，尤其是在经济活动广泛空间关联的前提下，众多的制度环境当中，哪些因素对于企业家精神的发展至关重要，还需要进一步甄别。因此，本书将重点关注空间关联视角下的中国省域企业家精神的溢出效应和影响因素。

第三，企业家精神对区域经济增长是否存在空间溢出效应？

根据新经济地理学理论，空间因素在企业家精神促进区域经济内生增长中发挥着重要作用，即企业家精神不仅通过直接效应对本地区的经济增长产生影响，而且还可能通过溢出效应对其他地区的经济增长产生影响，这种直接效应和溢出效应在中国区域经济发展实践中是否存在？还需要进一步的理论分析和实证检验。因此，本书将空间因素纳入一般均衡分析框架，通过理论演绎和空间计量检验，考察企业家精神对区域经济增长的空间溢出效应。

（二）研究意义

本书对企业家精神与区域经济增长这一需要迫切研究的热点和难点问题，从空间关联的视角，利用中国省际面板数据，进行空间统计和空间计量分析，无疑具有重要的理论价值和实践意义：

（1）理论上，丰富和拓宽了企业家精神与区域经济增长理论研究的视野。随着新经济地理理论和内生经济增长理论的发展，长期被忽视的空间因素被纳入一般均衡理论的分析框架中，解释经济活动中的空间分布规律，并进而探讨经济增长的规律和途径。在现有关于企业家精神与区域经济增长的研究中，很少考虑到空间因素的作用。根据“地理学第一定律”，企业家精神不仅对本地区经济活动产生影响，而且还可能对其他地区的经济活动产生影响。因此，本书将新经济地理理论、内生经济增长理论与企业家精神理论结合起来，运用空间经济学的分析思路和理论模型，将空间因素纳入一般均衡分析框架，在空间局部溢出模型中引入企业家资本，采用数理模型来处理集聚力和分散力之间的均衡问题，分析经济系统在短期均衡和长期均衡下的稳定性特征，揭示了企业家精神与区域经济增长的空间关联机制，为企业家精神促进区域经济内生增长开辟了一个新经济地理理论的视角。

（2）实践上，为企业家和地方政府的各项决策提供科学依据。首先，本书通过度量中国省域企业家精神数值、描绘企业家精神的空间分布特征，为从宏观上准确掌握中国企业家精神发展现状，判断区域之间企业家精神发展差距提供了事实依据。对于创业者和投资者来说，良好的制度环境、市场环境和生态环境是激发创造力和活力的先决条件，是决定创业投资成功与否的关键，为此，本书从经济环境、政治环境、法治水平、人口特征、基础设施等方面探讨企业家精神的空间影响因素，为创业者找到合适的地点落地创业、投资人找到合理的投资区域提供可借鉴之处。同时，从众多的制度环境当中，探讨决定企业家精神发展的关键因素，将为地方政府尤其是欠发达地区制定企业家精神发展政策提供科学依据。

其次，实证结果表明，本地区的企业家精神不仅会促进本地区的经济增长，而且还对周边地区经济增长具有带动作用，企业家精神对区域经济增长产生正向空间溢出效应；不仅如此，由于地区间经济增长存在空间联动性，企业家精神的溢出效应会产生空间反馈效应，使企业家精神对经济增长的影响在传递到周边地区后又反作用于本地区。这也揭示了发达地区对欠发达地区的经济补偿效应，为欠发达地区的经济腾飞提供了依据，这表明只要经济体系的开放度足够高，而且企业家精神溢出效应足够大，欠发达地区从经济增长中获得的收益就会大于由于经济聚集而遭受的损失。这为地方政府优化区域创新创业环境、开展区域间的交流合作、促进企业家精神流动、实现区域经济协调发展提供实践依据。

二、研究方法与研究思路

（一）研究方法

依据研究目标和内容，本书主要采用以下研究方法：

（1）理论演绎。剖析空间溢出效应的两个重要途径——集聚效应和扩散效应，两种效应对区域经济增长的作用截然相反，但又相互叠加，企业家精神溢出效应正是通过这两种相反力量的共同作用，推动了核心区和边缘区的经济增长，从理论上阐明企业家精神溢出效应的经济增长机制。

（2）数理推导。结合新经济地理理论和内生经济增长理论，在垄断竞争模型（D-S）和核心边缘模型（CP）的基础上，将"企业家资本"变量引入空间局部溢出模型，并对模型进行修正和推导，考察企业家精神溢出效应是如何体现了空间的作用，进一步从理论上论证企业家精神对区域内生增长的空间作用机理。

（3）全局主成分分析法。在构建企业家精神评价指标体系的基础上，利用全局主成分分析法，采用中国省际面板数据，对指标体系中各变量进行分析、总结和归纳，给有关企业家精神状况的各因子赋值，得出能够描绘中国总体企业家精神变化状况的模型，并利用该模型测算各省企业家精神值。

（4）探索性空间数据分析方法。结合省际区域的邻近效应，构建空间权重矩阵，利用 Moran I 指数对企业家精神进行全局空间相关性检验，利用 Moran 散点图、LISA 集聚图对企业家精神进行局部空间相关性分析，判断各省际区域属于企业家精神高水平区域还是低水平区域，帮助识别空间的不稳定性和非典型特征。

（5）空间计量分析。本书在实证检验企业家精神空间溢出效应及其影响因素、企业家精神对区域经济增长的空间溢出效应时，均采用较为前沿的空间计量方法，并根据理论分析和假设，构建 SAR、SEM、SDM 等空间计量模型进行实证分析，避免采用传统计量方法而可能产生的误差。

（二）研究思路

本书基于对国内外企业家精神、区域经济增长等相关文献的梳理，找出现有研究中存在的问题，提出本书的研究问题、研究方法和思路。首先，本书从新经济地理理论和内生经济增长理论出发，结合企业家精神的内涵特征，考虑空间因素的作用，构建包含企业家资本的空间局部溢出模型，论证企业家精神与区域经济增长的空间关联机制。其次，本书通过实证方式分三个阶段验证企业家精神的空间溢出效应及其对区域经济增长的影响。第一阶段是界定企业家精神的概念，立足中国国情，构建企业家精神评价指标体系，测度中国省域企业家精神状况，并利用空间统计分析和探索性空间数据分析方法，对中国省域企业家精神的空间集聚特征和相关性进行分析。第二阶段是阐述企业家精神的外部性与空间溢出效应，重点是利用空间计量模型，检验企业家精神的空间溢出效应及其影响因素。第三阶段是采用夜间稳定灯光数据作为经济增长的代理变量，对其进行空间相关性分析，在此基础上利用空间计量模型检验企业家精神对区域经济增长的空间溢出效应。最后，根据研究结论，提出针对性的政策建议。

三、研究内容与研究框架

（一）研究内容

全文共分为七章，主要研究内容如下：

第一章，绪论。主要介绍本书的研究背景，阐述本书研究的关键问题及其意义，介绍本书的研究方法和思路，提出本书的研究框架，并简述本书的研究内容和主要创新点。

第二章，文献综述。重点梳理和总结三个方面的文献：第一是关于企业家精神的定义和度量指标，厘清不同维度企业家精神的概念，强调企业家精神中所蕴含的创新、创业、冒险、竞争等特征，并从多个角度归纳衡量企业家精神的指标体系。第二是企业家精神的影响因素分析，重点从个体特征（包括心理和非心理因素）和制度环境（包括经济环境、政治环境、文化环境、法治环境、人口特征等）两个方面，总结促进或者抑制企业家精神发展的因素。第三是企业家精神对区域经济增长的影响分析，重点从市场竞争、知识溢出、企业家精神配置等角度总结企业家精神对区域经济增长的作用机理。在此基础上，提出现有研究中存在的不足，明确本书的研究视角和研究问题。

第三章，企业家精神影响区域经济增长的空间关联机制。本章首先从传统空间经济学研究中存在的不足出发，介绍本书的理论基础——CP 模型和 LS 模型；其次，基于新经济地理理论和内生经济增长理论，将“企业家资本”引入空间局部溢出模型（LS 模型），从理论上论证企业家精神的空间溢出效应及其对区域经济内生增长的影响机制。最后，根据文献综述和数理模型的分析结果，从循环累积、内生聚集、知识溢出、补偿效应等方面，阐述企业家精神影响区域经济增长的空间效应，构建企业家精神与区域经济增长的空间关联框架。

第四章，企业家精神的空间分布特征。本章首先在现有研究的基础上，立足中国国情和区域特征，从人力投入、资本投入、协同创新、产业发展、创新产出、创业产出六个方面，构建企业家精神的评价指标体系。其次，采用全局主成分分析法对中国省域企业家精神进行测度，比较分析省域企业家精神的排名情况及其演变特征。再次，利用探索性空间数据分析方法（ESDA）描述企业家精神及其分维度指标的空间分布特征。最后，计算 Moran Ⅰ指数，绘制 Moran 散点图和 LISA 集聚图，对企业家精神及其分维度指标的空间相关性进行检验，判断企业家精神的空间聚集是否表现出空间依赖特征。

第五章，企业家精神的空间溢出效应。本章首先从新经济地理学的角度阐述企业家精神的外部性和溢出效应，认为企业家精神的空间溢出效应主要包括集聚效应和扩散效应，同一期间，不同地区的企业家精神会受到两种效应的共同作用，从而形成“初始集聚—集聚强化—外围溢出”的空间分布特征，溢出效应的强度随着地理距离的增加而减弱；其次，实证检验企业家精神空间溢出效应，并从经济环境、政治环境、法治水平、人口特征、基础设施五个方面，共选择十个指标，考察企业家精神的关键影响因素，为避免传统计量方法的误差，在实证中采用空间计量模型进行参数估计，揭示企业家精神的空间溢出效应及影响因素的作用强度。

第六章，企业家精神对区域经济增长的空间溢出效应。根据地理学第一定律，企业家精神不仅对本地区的经济增长产生影响，而且还可能对其他地区的经济增长产生影响。不过，企业家精神与区域经济增长的这种空间关系在中国区域经济发展实践中是否存在，还需要找到经验证据加以证明。因此，本章采用空间计量模型，实证检验企业家精神对本地区经济增长的直接效应以及对周边地区经济增长的溢出效应。在现有文献中，通常采用人均 GDP 来衡量经济增长水平，然而这一官方统计数据的准确性遭到众多学者们的质疑，为此本章采用 NOAA 公布的夜间稳定灯光亮度数据作为经济增长的替代指标，力求实证结果更为准确和可靠。

第七章，结论与展望。总结本书的主要研究结论，提出相关对策建议，并展望今后的研究方向。

（二）研究框架

本书基于企业家精神的空间分布——空间溢出—区域经济增长的逻辑框架，从空间经济学理论的视角，揭示了空间因素在企业家精神促进区域经济增长中所发挥的重要作用。研究框架如图 1－1 所示：

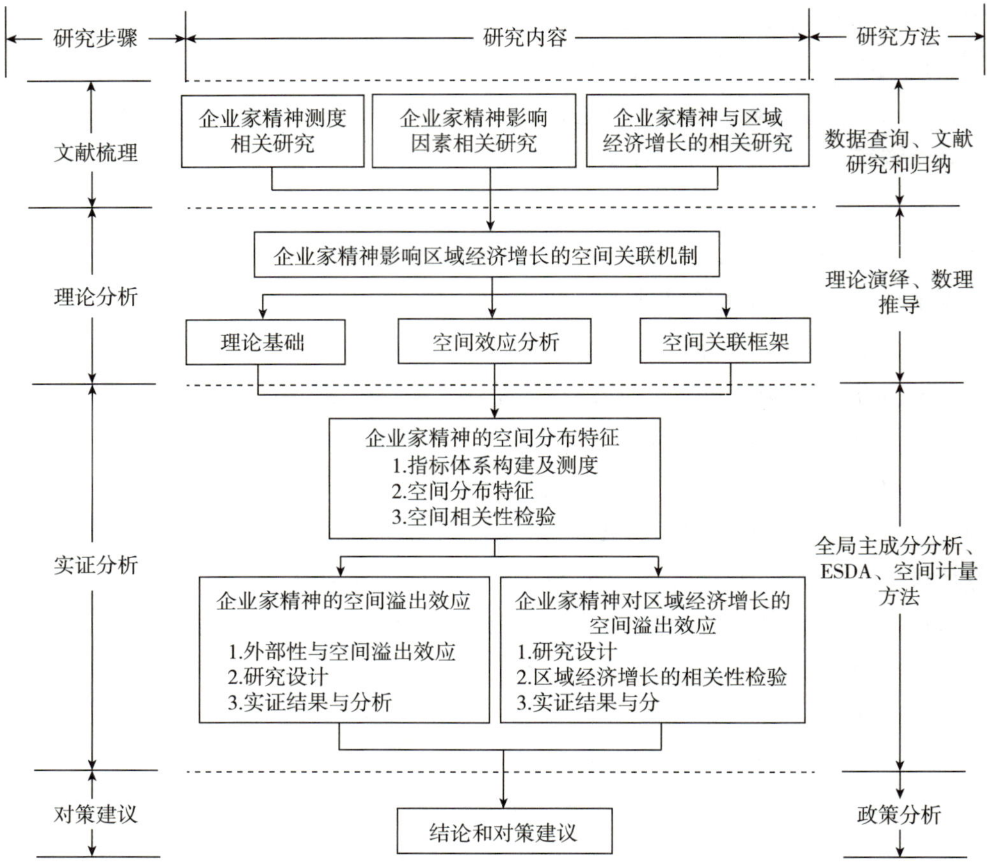

图 1－1　本书的研究框架

四、主要创新

本书的创新之处主要有以下四点：

（1）揭示了企业家精神影响区域经济增长的空间关联机制。在现有关于企业家精神与区域经济增长的研究中，很少考虑到空间因素的作用。根据“地理学第一定律”，企业家精神不仅对本地区经济活动产生影响，而且还可能对其他地区的经济活动产生影响。本书基于新经济地理学和内生经济增长理论，将空间因素纳入一般均衡分析框架，在空间局部溢出模型中引入企业家资本，采用数理模型处理集聚力和分散力之间的均衡问题，分析经济系统在短期均衡和长期均衡下的稳定性特征，论证了企业家精神在促进区域经济增长中空间因素所发挥的重要作用，并构建了企业家精神与区域经济增长的空间关联框架，弥补了企业家精神研究中长期以来忽视空间分析的缺憾。

（2）构建了企业家精神的评价指标体系，分析了中国省域企业家精神的空间分布特征和集聚特征。现有研究大多采用自我雇佣率、企业所有权比率、专利申请量等单一指标或者组合指标来衡量企业家精神，这难以反映区域层面企业家精神的全貌特征，更无法准确描述企业家精神的空间分布格局。本书立足中国国情，从人力投入、资本投入、协同创新、产业发展、创新产出、创业产出六个方面，构建了企业家精神评价指标体系，采用全局主成分分析法测度了中国省域企业家精神，并利用探索性空间数据分析方法（ESDA）描述企业家精神的空间分布特征和集聚特征，为整体判断企业家精神发展情况及区域差异提供了依据。

（3）通过多维度空间因素的综合分析和检验，揭示了企业家精神的空间溢出效应及其影响因素。现有研究对企业家精神空间溢出效应的关注较少，且在探讨企业家精神的影响因素时，大多未考虑空间相关性，忽略了来自其他地区企业家精神和影响因素的干扰，这可能会高估或低估本地区影响因素的作用强度。本书从新经济地理学的角度阐述了企业家精神的外部性和溢出效应，通过空间计量模型分析，进一步检验了企业家精神的空间溢出效应，并从直接效应和溢出效应两个方面，揭示了经济环境、政治环境、法治水平、人口特征、基础设施等外部制度环境因素对企业家精神的影响程度，为促进企业家精神发展的政策制定提供了科学依据。

（4）利用空间杜宾模型实证检验了企业家精神对区域经济增长的空间溢出效应。现有关于企业家精神与区域经济增长的实证研究中，一般采用传统的计量方法进行参数估计，忽略了变量的空间相关性，这可能会导致结果产生偏差。为了弥补这一不足，本书将解释变量和被解释变量的空间滞后项纳入计量模型当中，采用夜间稳定灯光亮度作为经济增长的代理变量，从直接效应和溢出效应两个方面，检验了企业家精神对区域经济增长的影响，研究发现企业家精神不仅通过创造有利条件直接作用于本地区的经济增长，还通过溢出效应间接促进周边地区的经济增长。由于地区间经济增长存在空间联动性，企业家精神的溢出效应会产生空间反馈效应，使企业家精神对经济增长的影响在传递到周边地区后又反作用于本地区。

第二章　文献综述

一、企业家精神的概念及度量

（一）企业家精神的概念

“企业家”的概念最早是由法国经济学家 Richard Cantillon 提出来，他认为企业家能够承担风险，并具有对土地、劳动和资本等生产要素进行有效整合的能力。企业家精神被认为是推动经济发展的重要动力，无论是在欧美发达国家，还是在其他新兴国家，近几十年来都一直备受关注（Welter and Lasch，2008[16]；Verbeke et al.，2013[17]；Zhai et al.，2014[18]；Machado et al.，2016[19]）。企业家精神的含义源于英文单词 Entrepreneurship，由于该单词具有丰富的含义，中国学者在引入这一概念时，大多采用“企业家精神”来表示，主要强调企业家通过整合要素资源，开展技术创新以及创建新企业的深刻内涵（张培刚，2002[20]；张维迎、盛斌，2014[21]）。企业家精神是企业家的特殊技能，包括精神和技能的组合，是一种重要而特殊的无形生产要素，甚至被认为是除土地、劳动力和资本之外的第四种生产要素。

虽然企业家精神（Entrepreneurship）在现有研究中已得到足够的关注，但是关于其概念尚未形成统一的定义。Hébert 和 Link（1989）[22]提出了企业家精神的综合定义，认为企业家精神就是一种为产品、资源或者制度的产生、发展和使用承担相应责任和预判的能力，并归纳了企业家精神发展过程中三个重要的学派，分别为：Schumpeter、Baumol 的德国学派，Kirzner、Von Mises、Menger 的奥地利学派，以及 Schultz、Knight、Marshall 的新古典学派。Schumpeter 企业家理论强调企业家的创造性破坏，认为企业家精神是一种“新的生产组合不断推出”的经济首创精神，具体包括五种创新——产品创新、生产方法创新、新市场开拓、新原料供给以及新组织形式出现。Kirzner、Von Mises、Menger 等奥地利学派，则认为企业家精神是一种能够最早发现新机会并加以把握的能力，企业家利用内在机会的能力可以使市场回归平衡。Schultz、Knight、Marshall 等新古典学派则强调企业家作为领导者，通过企业家行为促进市场均衡，是包括了"机智、谨慎、坚定、果断"等品质的一种心理特征。其中，Schumpeter 的企业家理论对后世研究的影响最大。

企业家精神还被定义为与创业相关的经济活动，如创立一个新企业，或者并购已有企业，企业家精神与新企业、新产品、新服务的产生与发展密切相关（Acs and Szerb，2010[23]；朱彤等，2015[24]）。企业家精神可以通过创业行为和特征来进行描述，创业过程包括如何发现、评估和利用市场机会，其中发现机会是创业领域的核心要素，对机会的重视起源于奥地利学派，该学派认为赚钱的机会来源于价格、数量和质量的失衡，被称为"企业家发现"，同样源自参与者从平衡市场中的潜在需求和市场供给之间寻找机会，创业行为就是发现机会并引入新产品、新服务、新流程、新组织的过程（Gries and Naudé，2011）[25]。创业行为是企业家精神最为显著的表现形式之一。创业是具有企业家精神的创业者发现和捕获商机并创造价值的过程，创业者凭借独到的眼光识别机会，整合内外部资源，利用和实现机会价值，最终达到创造价值、组织盈利的目的。企业家精神是推动企业家创业行为、承担创业风险的主要支撑力量（夏洪胜、张世贤，2014）[26]。根据创业动机的差异，企业家精神又可区分为生存型企业家精神和机会型企业家精神，其中，生存型企业家是指那些为了获取生存的基本物质条件，不得不选择创业的人，具有被迫性；而机会型企业家是指那些主动发现机会，并选择创业的人，具有主动性（刘鹏程等，2013）[27]。

由于企业家精神的概念多维，难以明确界定，还有许多其他学者都尝试给出了自己的定义，其中具有代表性的有：Audretsch 和 Keilbach（2004）[28]引进了"企业家资本"的概念，将之定义为能促进新企业创建的天赋因素，主要包括个人和制度方面的内容。Reynolds 等（2005）[29]认为企业家精神就是能够成功组建、经营、管理公司，并对市场产生重要影响的能力。后来的学者也大多沿用这一概念，如 Haq 等（2014）[30]、Song 和 Winkler（2014）[31]、Machado 等（2016）[19]等的观点基本与之一致。另外，还有众多学者从不同的角度对企业家精神进行了描述，Klapper 和 Delgado（2007）[32]认为企业家精神是指在法制市场环境中，个人或者组织的行为目标能够激发的经济行为。陈伟、赵富洋（2008）[33]提出企业家精神还涉及正确的经济价值观及宽容精神。Acs 和 Szerb（2009）[23]采用了个人和制度层面的多重变量，构建了一个全球性的企业家精神综合指标，并将企业家精神定义为企业家态度、企业家行为和企业家思想在经济发展舞台上的动态交流。OECD 则认为企业家精神是在经济行为扩展创造中，具有进取心的人类行为，通过发明新产品、新工艺和开拓新市场获取利益。杨以文、郑江淮（2013）[34]认为企业家精神是企业家关于创业成功的态度与承受风险的能力，从主观角度来刻画企业家精神。王炳成等（2016）[35]从企业员工层面来刻画企业家精神，认为其包含合作精神、创新精神、求知精神和责任精神。辛杰等（2017）[36]将企业家精神分为三个维度，分别为创新、主动竞争和冒险。

总的来看，企业家精神的概念是多维的，具有广泛的适用范围，是一种结合了创业和创新的开拓精神。

（二）企业家精神的度量

由于企业家精神的多面性和复杂性，很难找到一套被学者们普遍接受的指标对其进行准确描述。因此，与企业家精神的概念相类似，企业家精神的度量指标也多元化。主要包括两个方面：一是从创业的角度构建评价指标体系，最为典型的代表是全球创业观察（GEM），该项目是由英国伦敦商学院和美国百森商学院共同发起的创业调查，主要是研究全球范围内的创业活动。截止到 2016 年，GEM 已经覆盖了全球 60 多个国家和地区。GEM 已经成为研究国家层面创业活动的重要数据来源，在衡量企业家精神时具有全面性和权威性，在众多研究中得到采用（Nallari et al.，2012[37]；Estrin et al.，2013[38]；Bosma，2013[39]；Bergmann et al.，2014[40]；Barazandeh et al.，2015[41]）。GEM 的主要指标包括自我雇佣比率、企业所有权比率、企业的进入退出比率、小企业所占市场份额和市场参与创业人数、TEA 指数等。二是从创新的角度构建指标体系，主要指标包括专利申请量和授权量（Wong et al.，2005[42]；李宏彬等，2009[43]；程锐，2016[44]；程虹、宋菲菲，2016[45]；刘志永，2016[46]；龙海军，2017[47]；韩磊等，2017[48]）。

以上述指标为基础，在实证研究中，有些学者采用其中的单一指标，如 Pietrobelli等（2004）[49]、Djankov 等（2010）[50]、Mrożewski（2014）[51]、Bota-avram 等（2015）[52]等；有些学者则采用其中的多个指标进行组合，如 Wong 等

（2005）[42]、Wennekers 等（2007）[53]、Baumgartner 等（2013）[11]、李后建（2013）[54]、Chowdhury 等（2015）[55]等。另外，还有一些学者利用调查数据构造其他指标来测量企业家精神。主要的度量指标如表 2－1 所示。

表 2－1 企业家精神的主要度量指标

度量指标	相关文献
自我雇佣率	Thomas（2004）；Pietrobelli 等（2004）；Grilo 等（2006）；Nystrom（2008）；Song（2014）；李宏彬等（2009）；尹宗成、李向军（2012）；尹宗成、李向军（2012）；刘年康等（2013）；朱乾、杨勇（2014）；邵传林（2014）；汪川等（2014）；潘健平等（2015）；程俊杰（2016）；邵传林、张存刚（2016）；邓伟、纪明明（2017）
企业所有权比率	Audretsch 等（2002）；Wong 等（2005）；Wennekers 等（2007）；Carree 等（2007）；Chowdhury 等（2015）
企业的进入或退出率	Caves（1998）；Sung（1999）；Hahn（2000）；Audretsch 等（2002）；Bologna（2014）；Pijnenburg 和 Kholodilin（2014）
TEA 指数	GEM；Audretsch 和 Thurik（2000）；Tang 和 Koveos（2004）；Acs 和 Varga（2005）；Valliere 和 Peterson（2009）；Haq 等（2014）；刘鹏程等（2013）；刘诚、叶雨晴（2013）；李磊等（2014）；朱彤等（2015）
新企业的创立	Guiso 等（2002）；Klapper 等（2010）；Djankov 等（2010）；Mrożewski（2014）；Audretsch 等（2014）；陈立泰等（2011）；蒋含明、李非（2013）；杨勇等（2014）；颜为民等（2015）
专利申请量	李宏彬等（2009）；李后建（2013）；程锐（2016）；程虹、宋菲菲（2016）；刘志永（2016）；龙海军（2017）；韩磊等（2017）
其他指标	袁晓玲等（2012）；杨以文、郑江淮（2013）；王炳成等（2016）；辛杰等（2017）

综上所述，现有研究大多采用单一的指标或者组合指标来衡量企业家精神，但企业家精神是一个企业家行为的综合表现，不同区域、不同时间的企业家精神都会存在较大的差别，上述指标难以全面反映企业家精神的实质内涵。另外，现有研究很少从区域层面上来度量企业家精神，更缺少对发展中国家区域层面企业家精神空间分布特征的关注。因此，为了保证实证结果的可靠性，并选择相对稳妥的研究方案，本书拟根据中国的地域特点，在区域层面构建一套较为全面且符合中国国情的企业家精神评价指标体系，并利用全局主成分分析法测算中国省域企业家精神值，再对其空间分布特征进行描述。

二、企业家精神的影响因素研究

为什么有些地区的企业家精神比其他地区更强？这一问题引起了众多学者的关注，某些特定因素被认为会促进或抑制企业家精神的发展（Lofstrom et al.，2014[56]；Feldman，2014[57]）。从现有文献来看，决定企业家精神产生和发展的因素主要可分为两类：企业家自身的个体特征和外部制度环境。其中，个体特征方面又包括心理特征和非心理特征，重点强调个人层面上的特质，如承受风险的能力、财富禀赋、工作经历等。外部制度环境则包括经济环境、政治环境、文化环境、法治环境、人口特征等。

（一）个体特征

在个体特征方面，风险偏好、创业意向、财富、性别、年龄、种族、工作经验和家庭背景等，都是决定个人能否成为企业家的关键因素。

1. 心理特征

众多学者试图从心理学和组织行为学的角度，寻找到促进创业成功的人格特质（Choi and Shepherd，2004）[58]。主要存在以下四点：一是个人创业意向，这是创业过程中的第一步，在创业意向缺失情况下，创业行动是不可能成功的（Šebjan et al.，2016）[59]。创业意向通常被认为是一个人在开始创业前对拥有事业的渴望，与年龄、性别、教育、地区文化、社会群体特征相关联（Shinnar et al.，2012[60]；Bae et al.，2014[61]）。二是对商机的警觉，这是一种个人对创业机会的主观感受，这种警觉是创业行为和创业行动的必要前提，是一个关键的感性特征，它已被证明是决定创业与否的重要因素（Koellinger et al.，2007）[62]。三是创业自信，这与自我认定相关，它代表一个人判断自己执行某项行动的能力，是否能够达到预期的良好效果，拥有自信更容易成功地开展创业活动，与个人创业成功与否密切相关（Sharma and Madan，2013）[63]。四是对失败的恐惧，这是一种重要的心理特征，创业失败的风险及其后果可能十分严重，由于大多数人都本能地规避风险，对失败的恐惧可能会成为创业行动的抑制剂，但如果承受风险和失败的能力较强，创业比率就会更高（Sharma and Madan，2013）[63]。

因此，企业家若想成功创建新企业，需要一些特殊的心理品质，其中起决定性作用的有：创业意向、适应性调整能力、获取资源的能力、承担风险、领袖气质、管理才能以及对自己个人能力的信任。与一般人相比，企业家对成功的渴望更大、更具冒险性、更贪婪和自信，并能够承受风险、对社会环境有更好的洞察力（Djankov et al.，2006）[64]。钱晓烨等（2014）[65]认为心理资本对区域创新活动具有显著的正向促进作用。不同文化背景和经济发展阶段下，企业家具有不同的心理特征，因此，探寻不同情景下企业家的心理特征仍然是企业家精神研究的重点之一。

2. 非心理特征

虽然企业家是整个创业活动的重心，其个人心理特质是决定创业活动成功与否的关键，但企业家的“心理特质论”遭到了理论及实证的严峻挑战。有学者指出，创业者之间心理特质差异程度实际上远远大于创业者与非创业者之间的差异，根本就不存在典型的创业者心理特质，更没有必要浪费精力去寻找所谓的会影响创业决策或创业成功的心理特质变量。因此，非心理因素方面引起了更多学者的关注，研究认为创业者的创业动机受财富、教育背景、职业背景、家庭背景、管理经验、社会地位、年龄等非心理因素的影响（Shane，2003）[66]。

资金是新企业生存的关键要素，创业所需要的最佳资金来源是企业家自有资金，这能最大幅度地降低企业经营风险（Zhang et al.，2011）[67]。此外，作为潜在的投资者，准备的自有资金越充足，意味着企业家承担风险的意愿越强烈，企业家创业的信心和保障就越充足。由于个人的初始创业能力和财富是异质的，那么创业能力越强，具有较高的初始财富禀赋，能感知并抓住获利机会，就越容易创业成功（Haq et al.，2014）[30]。

个人的职业选择取决于管理能力和劳动技能的高低，若管理能力较强，则可能成为企业家，若劳动技能相对较高，则可能成为专家或职业工人。一般来说，从社会中获得的工作经验通常比学校教育往往更有助于企业家的成长，具有某些创新型企业工作经历的人群，更容易成为企业家（Lazear，2005）[68]。

人力资本理论认为教育程度的提高会增加人群的就业水平，提高企业的利润，具有较高知识水平的企业家在市场竞争中更容易抓住机会，获取更高利润（Davidsson and Honig，2003）[69]。早期的研究经常关注领导者的教育背景，例如，Useem 和 Karabel（1986）[70]研究了美国 208 个大公司的高层管理人员，发现其中拥有顶尖大学管理学和商业硕士的人占绝大部分。事实上，到了 20 世纪 90 年代，在美国的上市企业中，接近 60% 的首席执行官拥有工商管理硕士学位

(MBA)(Dan and Smith, 2004)[71]。因此，相对于低学历者而言，接受过大学教育的人更容易成为企业家(Guo et al., 2016)[72]。

当然，个人家庭背景的重要性也不容忽视，与普通家庭的子女相比，企业家子女通常具有更多的资源、更高的个人能力和初始财富，所以更容易成为企业家。Giannantonio 和 Hanson (2016)[73]分析了家庭背景和创业之间的关系，研究发现父母是企业家的孩子更可能从事创业活动，因为孩子们从小耳濡目染，学习大量关于父母经营企业的知识，父母的成功也将为他们提供一个良好的榜样，从而提高孩子成为企业家的概率(Ayyagari, 2013)[74]。Boz 和 Ergeneli (2014)[75]对土耳其女企业家的研究发现，大多数都是创业型父母，且企业家中父亲的比率要高于母亲。Hurley-Hanson 和 Giannantonio (2015)[76]对高科技企业家的家庭背景的研究发现，近 31% 样本的父母是企业家，企业家存在代际传递现象。这种代际传递原因至少有四种解释：获得创业知识和信息的同伴效应、创业技能的转移、现有企业的直接继承和资金支持(Lindquist et al., 2012)[77]。

个人社会网络关系，指个人能够通过社会交换，从社会结构、网络及其成员中获取利益，它反映了由企业家外部环境中的其他人所提供的各类知识和帮助，如发现机会，识别、收集和分配稀缺资源(Ramos-Rodriguez, 2010)[78]。Hallen (2008)[79]认为，对于一个企业来说，如果首席执行官拥有广泛的社会网络关系，其他潜在的合作伙伴就会相信他们能够从中获取利益，从而与企业建立合作关系。因此，通过不同的网络关系，他们可以与其他组织交换信息、共享资源和能力、获得金融资本，彼此从可靠和互惠的供应商客户关系中获利，增强组织之间的合作与互动创新(Katila et al., 2008)[80]。因此，如果创业者具有良好的社会网络关系，将会提高创业成功率。

还有研究表明，个人的年龄、创业经验、移民背景等也是决定企业家精神发展的重要因素。Machado 等 (2016)[81]研究认为，创建新企业的老人数量大约是年轻人的一半，年龄与创业意识之间呈现负相关。Eggers 和 Song (2015)[82]认为失败经历可能为企业家提供信息和知识，帮助他们提高后续的企业绩效，由于能从过去的创业活动中学到经验，所以连续型创业者成功率更高。

(二) 外部制度环境

与个体特征相比，影响企业家精神的外部制度环境因素则要复杂得多，主要涉及经济、政治、文化、法治、人口、基础设施等方面。

1. 经济环境

经济环境对企业家精神的影响主要体现在金融支持、税收、市场自由度、财政支出、居民收入水平等方面。

金融支持能降低企业的融资约束，为企业家的创新创业活动提供有效的资金保障。完善的金融体系能协助企业家整合要素资源，促进资源流动，激发企业家创新精神，使更多的企业家才能用于创新活动（Bianchi，2012）[83]。企业家在创业之初，即使拥有先进的技术和发明，但他们都需要投资者提供启动资金支持，企业家获取金融支持的能力和对风险的容忍度决定了实际的企业家精神。对于一个地区而言，若拥有完善的金融体系，创业者能获得更多的金融支持，那么新企业进入率就会显著提高，个人选择创业的概率也就越高（李磊等，2014）[84]。与之相反，限制性的金融政策会对企业家行为产生负面影响，尤其对于中小型企业来说，融资难会严重约束企业的发展（Abubakar，2015）[85]。与缺乏金融资源的企业相比，那些拥有丰富金融资源的企业在实施创新导向战略时，会取得更高的成功率。对于创业风险投资者，他们不会承担所有的风险，相反会仔细挑选有价值的初创企业以降低风险，自由资金充足的企业家的成功率要高于那些资金不足的企业家（Huang，2016）[86]。对于一个国家或地区来说，金融资源缺乏或者金融体系不发达，则会极大地限制企业家精神的发展（Meluzín and Zinecker，2016）[87]。

税收对企业家精神的影响一直备受争议。政府经常对个人和企业征收一定数量的赋税，而这些税收可能会影响他们的纳税积极性。关于税收与企业家行为，一般存在两种不同的观点：一种观点认为较高的税收会导致较高的创业活动（Gentry and Hubbard，2000）[88]。由于自雇人士可以扣除一些营业费用中的税收，高税收实际上可能鼓励自我就业。另一种观点则认为较高的税收会降低企业家行为的期望回报，那么就会减少潜在企业家的创业活动（Braunerhjelm and Eklund，2014）[89]。这是因为税收对企业的盈利能力有直接的影响，Crum 和 Gohmann（2016）[90]提供了进一步的证据，表明税收与企业家精神呈负相关：其一，相对较高的税收减少了居民的储蓄，而这些资金原本可用作创业资本；其二，高税收意味着更高的失业救济金，这增加了创业的机会成本；其三，高税收通常会产生更复杂的税务系统，这要求企业家能够适应这种更复杂的税收结构，为此付出更高的创业成本；其四，高税收所产生的拥挤效应，会使得政府机构膨胀，由私人企业提供的社会服务将会大幅减少。Hansson（2012）[91]对瑞典的研究发现，边际税率和自我就业之间存在负相关。Ferede（2013）[92]对加拿大的研究发现，所得税的累进与自我雇佣率呈负相关。

在众多影响企业家精神的因素中，市场自由化是最为重要的因素之一。Kreft和Sobel（2005）[93]对美国的研究发现，经济自由度越高，企业家的创业水平就越高，两者之间具有显著的正相关。这主要是因为，若新企业能够自由地进入现有市场，并成功赚取利润，那么就会吸引更多的潜在进入者，从而激发企业家才能。贸易保护政策只会减少商品流通，削弱市场活力，限制企业家才能的发挥。Bologna（2014）[8]的研究也表明，与半市场经济和计划经济相比，市场经济更能显著促进企业家精神的发展，市场自由度越高，企业家精神越强。但是，也有学者的观点与之不同，认为企业家精神的强弱与市场化水平高低不一定呈正相关，如市场化水平越高，职业经理人制度就越成熟，职业经理人承担了企业日常的经营管理职能，从而减少创始人对企业的影响力；市场化水平越低，职业经理人制度就越不完善，创始人承担企业的经营管理职能，对企业的影响力就越大。因此，市场化程度与企业家精神并非完全的正相关（程锐，2016）[44]。

其他经济环境方面的影响因素主要有：居民收入水平的增长会提高居民储蓄水平，增加金融机构的资金供给，从而为企业家的创新创业活动提供资金保障（Acs and Armington，2011）[94]。扩大财政支出会增加投资、刺激消费需求，鼓励企业家从事创新创业活动（Edler and Georghiou，2007）[95]。财政支出主要是为社会提供某种公共产品和服务，如国防、司法保护、基础设施、教育等，当这些产品或服务无法得到提供时，创新创业活动将难以产生（Kreft and Sobel，2005）[93]。

2. 政治环境

政治环境也被认为是影响企业家精神的关键因素，一般涉及政府规制、政府清廉度、社会保障等（Chowdhury et al.，2015）[55]。不同的政治环境，会导致不同的企业家行为，如生产性、非生产性和破坏性企业家行为（Baumol，1990）[96]。考虑到政治环境的约束，企业家们在寻找机会和资源时，会使得自己的行为和战略，符合政治体系中的各种规则（Crnogaj and Hojnik，2016）[97]。

政府规制作为一种机制，可以鼓励或者抑制创新创业活动（Braunerhjelm et al.，2015）[98]。在世界范围内，市场进入壁垒都会抑制企业家活动，降低监管负担、减少进入壁垒是政策制定者促进企业家精神发展的重要责任（Stenholm et al.，2013）[99]。首先，过多的规章制度会延缓新品种的上市时间，从而使企业失去开拓新市场的机会，降低新产品开发的成功率，特别是高进入成本可能会阻止新企业进入市场，抑制创业者行为（Sambharya and Musteen，2014）[100]。其次，在转型经济体中，政府管制会赋予地方官员更多的行政权力，从而产生官员的寻租行为，同时企业家为了获取进入市场的资格，不得不付出相应的租金，构建更好的政治关联以避开政府管制，进而提高企业运营成本（龙海军，2017）[101]。最后，一旦企业能从管制的寻租中轻易获取高额利润，势必会减少技术创新投入，而将更多的企业家才能运用到寻租当中，这会阻碍创新的产生（Acemoglu et al.，2006）[102]。因此，政策制定者面临的挑战是在管制与放松之间寻找适当的平衡点。有人认为，对于中国经济来说，放松管制，减少政府对经济资源的管控，能够促进企业发展。长期以来，土地、银行信贷等各种关键资源都由国家掌控，私营企业很难获得。改革开放之后，由于政府放松了对经济资源的控制，特别是随着越来越多私营企业的出现，企业家可以更容易地获得关键资源，这既促进了创业活动，也降低了创业者的失败率。如在金融领域，改革初期，私营企业被金融机构所歧视，很难从国有银行获得贷款，但在20世纪90年代中期，许多省份允许非正规信贷市场的出现和发展，从而引导居民投资私人企业，促进了许多潜在企业家才能的出现（Zhou，2009）[103]。

政府清廉程度是决定企业家精神发展的重要因素。腐败的官僚体系会抑制企业家精神发展，在腐败较为严重的地区中，企业家会承担额外的租金，从而提高经营成本。对于新进入者来说，一方面，技术创新具有前瞻性，会面临较长时间的市场检验，对收益情况难以准确把握（Anokhin and Schulze，2009）[104]。尤其在新产品投放市场的某个时期，必然会涉及相关的监管部门，腐败行为随时可能会发生，这会增加企业家的风险和创新成本，使得企业的创新战略变得更为困难和不确定。另外，作为新进入者，还必须通过构建各种政治关系，以适应该环境中的各种非正式规则，来减轻腐败对企业发展造成的阻力。另一方面，在位企业会通过寻租获取市场垄断地位，凭借价格和市场优势，对新进入者进行排挤，从而抑制市场中的创业活动。总的来看，在腐败的政治环境中，由于需要承担额外的寻租成本和较高的市场风险，新生企业在进入市场时会更为谨慎，这会抑制企业家精神的发展。Aidis等（2012）[105]认为，一旦关键要素掌握在政府官员手中，他们就可能会利用手中的权力进行寻租，而潜在的企业家只有通过寻租来获取资源，这都会导致企业家的创新不足，进一步强化了腐败对企业家精神的抑制作用（李后建，2013）[54]。但是有些学者认为，在一些转型国家中，腐败并不会对企业产生负面作用，反而会促进企业家精神的发展。这是因为企业家在创新、创业过程中，为了避开政府管制，而从事寻租活动是一种次优效率，寻租支出是为了得到更好的服务和更优惠的税收或补贴政策，该情况下的腐败不仅没有抑制企业家精神，反而会促进企业家精神（邵传林，2014）[106]。

3. 文化背景

文化是经济和政治制度关系的调节器，作为主流的价值观和信念，是影响企业家精神的又一重要因素，而不同区域的文化信仰和价值取向又存在显著差异。学者们通常按照 Hofstede 的方法，从以下五个方面来定义文化维度：权力距离、个人主义、不确定性规避、刚柔性、长期导向（Wennekers et al.，2007）[107]。Hofstede 的五个文化尺度被认为是衡量不同国家的文化差异、价值取向的一个常用指标。一般来说，在文化程度越高的地区中创业水平越高（个人主义较高，确定性规避较低和男性比例高）（Shinnar et al.，2012）[60]。Shane（1993）[108]认为 Hofstede 文化尺度中的个人英雄主义、权力差距与国家创新率正相关，而不确定性规避则与之呈负相关。Fagerber（2008）[109]研究发现与 Hofstede 文化尺度相关的指标，如信任、腐败、公民权利都影响国家创新。Pinillos 和 Reyes（2011）[110]认为在欠发达国家，个人主义与企业家精神负相关，而在发达国家则与之相反，个人主义与企业家精神呈正相关。Andersson 和 Koster（2011）[111]认为物质主义充当了创业活动的催化剂，物质主义价值观较低的社会往往具有较低水平的创业活动。马昆妹、李雁晨（2014）[112]研究发现，各文化因素在长三角、珠三角等地区存在差异，而且不同文化因素——个人主义、权力距离、不确定规避等对创业决策的影响各不相同。

对于中国传统文化与商业繁荣之间的关系，国内众多学者也进行了考察。薛国琴（2011）[113]研究发现在越文化熏陶下的越商，具有冒险、创新、敬业、诚信、合作等企业家精神特质，这些特质也是促使晋商、徽商兴旺的重要原因。杨勇（2011）[114]研究发现，沪商在特定的历史时期和商业文化下得到迅速发展，形成了具有开放性、冒险性和创新性的企业家精神。赵向阳等（2014）[115]认为，文化价值观和文化习俗对早期创业活动都具有很大的解释能力。在不同的国家，文化对企业家精神的影响又各不相同，中国企业家精神的发展虽然与美国、欧洲有共同之处，但中国独特的“关系”文化对企业家精神所产生的影响，是其他国家不具备的（Su et al.，2015）[116]。在中国经济市场化过程中，关系文化在市场体系不健全的环境下推动了企业家创业和创新，起到积极的润滑剂作用。李新春等（2016）[117]认为地方关系文化对新创企业发展具有极其重要意义，关系网络能通过人与人之间的互助，帮助新创企业取得合法性，尤其当新创企业在缺少外部援助、面临困境的情形下，更加需要企业家的社会网络提供帮助，中国社会特有的"人情""面子"等处世原则凸显了熟人之间的互惠性，关系文化为新企业的发展打下了坚实的基础。

此外，诸如宗姓制度、宗教、家庭结构和家庭支持等社会信仰、价值观念，也是企业家创业能否获得成功的关键（Shivani et al.，2006）[118]。阮荣平等（2014）[119]利用中国综合社会调查数据，探讨了宗教信仰对个体创业的影响。何杰等（2017）[120]研究发现，新教在近代中国的传播，通过弱化儒家教化对人们宗族伦理意识正向作用的方式，促进了当代不同地区的民间创业。

4. 法治环境

财产权是维护市场经济的基础，只有当企业家的财产受到保护，企业家们才会相信自己所付出的时间、努力和投资能够获得相应的回报，从而愿意去尝试更多的创新创业活动（Bjuggren et al.，2013）[121]。相反，落后的产权制度环境会诱使部分企业以掠夺性的方式，从其他企业创新活动中获取利益，这些活动往往会阻碍企业家运用自己的天赋，甚至会促使企业家将自己的才能更多地用于非生产性活动，从而导致更多的寻租行为（Murphy et al.，1991[122]；Litan，2016[123]）。健全的产权制度能为企业家行为提供足够的激励。因此，产权保护力度越大，创业活动水平越高。但在一些国家，依然存在私人财产被侵占的风险，如私营企业被国有化的案例时有发生，即使是公开上市的企业也并非能完全避免国有化的风险，因此建立政治关联是企业规避国家征收的一种流行方式（潘健平等，2015）[124]。Chemin（2009）[125]对巴基斯坦的研究发现，"诉诸司法程序"政策通过完善财产权的保护，提高了司法效率，从而显著提升新企业的进入率。

知识产权保护力度加强，会提升企业家的创新欲望（Estrin et al.，2013）[126]。首先，企业创新需要大量的前期投入，并且承担较大的风险，在知识产权保护力度较强的环境下，投资者对未来的创新收益持有更为乐观的态度，也愿意继续加大对企业技术创新的投入。同时，企业的创新成果被保护后，具有排他性，也就难以被竞争对手剽窃和仿制，企业可以从中获取更多的收益，提高企业创新积极性。其次，完善的知识产权保护体系，还有助于提升企业的品牌价值，凭借知识产权质押等方式，企业更容易从银行获取信贷，用于后续的创新活动（Bai et al., 2006)[127]。

总之，良好的法治环境能够保护产权，维护契约，保证公平有序的市场环境，进而激发企业家的创新创业动力，有助于培育企业家精神。邵传林、张存刚(2016)[128]研究发现法治水平每提高10%，企业家创业数量将增加2%。

5. 人口特征

年龄结构通常会关乎一个地区的市场容量、消费结构、劳动力供给等，与地区的新企业进入率息息相关（Werner et al., 2009)[129]。有学者指出，老年人创立新企业的可能性较低，因为他们更喜欢稳定的生活和规避更多的风险(Henley, 2007)[130]。但也有学者认为，老年人具有更多的经验积累、行业知识、商业意识和网络资本，对创业更有信心，也更容易成功（Cowling and Taylor, 2001)[131]。随着更多年轻企业家的出现，如乔布斯、扎克伯格等，有必要重新思考年龄与创业成功之间的关系。Kautonen等（2014)[132]研究表明，四十多岁的职业经理人从事高风险创业活动的比率将会降低，因为未来收入会存在一个不确定风险。创业被认为是解决青年失业问题的一种有效途径，在整个欧洲得到政府部门的高度关注，但它的作用不仅仅在于自我就业，而且还能创造其他就业机会（Holienka et al., 2016)[133]。汪川等（2014)[134]研究发现中国30~39岁年龄段的人群中创业率较高，这意味着“而立之年”的人创业意愿更强烈。郭凯明等（2016)[135]认为以生育率下降为特征的中国人口转变，会不利于企业家创新和创业精神的形成，主要是因为：一是提高了家庭抚养比，这将降低创业者承担风险的能力；二是年轻人比例降低，会延缓人力资本提升，创新和创业活动会大量减少；三是降低了社会关系网络中的年轻人比例，错失市场机会。

以教育为基础的人口素质水平是一个地区企业家精神的直接来源，人口的受教育程度决定着知识、技术的流动速度与传播程度，教育程度越高，越有利于企业家精神的产生和发展。在知识密集、高新技术产业密集的地区，企业家和一般员工的平均教育程度都要明显高于其他地区，而具有更多高素质人才的企业，更能获得和利用商业信息，更易识别商业机会，在运营管理方面更为有效（Doms et al., 2010)[136]。劳动力水平是任何一个新企业最为重要的投入要素和核心竞争力，其水平是决定企业成功与否的关键（Glaeser and Kerr, 2009)[137]。企业家人力资本是创新创业的必需要素，包括各种专业技能、知识和管理经验，这可以通过教育获得。Orser等（2012)[138]研究表明，由于教育带来的高素质人才将会提高创业的可能性。但也有学者认为，由于创业中固有的风险和收入不稳定，受过大学教育的个人可能选择高薪工作而不是创业（Martin et al.，2010）[139]。

性别差异对男性和女性的创业倾向可能会产生显著影响。许多学者已经研究了性别差异与创业的关系，主要考虑到女性创业者的特点、创业意向、动机和自我效能、管理实践、创业扶持政策、社会文化因素等。在现代社会中，成功女性具有掌握自己命运的能力，建立与潜在客户的关系和事业，实现与男人相同的成功目标（Madichie and Gallant，2013）[140]。尽管企业家中女性比率不断增长，女性企业家对社会经济贡献巨大，但数量上仍显不足（Deo et al.，2016）[141]。Hinze（2011）[142]研究发现，2009 年，接近一半的女性选择领取固定薪水的工作，而只有 27.64%的女性注册成立企业，其中的缘由可以归因于性别的差异。在传统观点中，“老板”通常被认为是男性化的职业理念（Eddleston and Powell，2012）[143]，世界上几乎所有国家的男性企业家比率都高于女性（Goktan and Gupta，2015）[144]。根据性别角色理论，女性主要作用是在家庭，男性的主要作用是在工作（Wood and Eagly，2012）[145]。随着女性参加工作的比重增加，对性别角色的严格偏好会有一定程度的下降，但女性照顾家庭的责任仍是她们成为企业家的一个重要障碍，女性倾向于寻求家庭与工作的平衡，由于她们的家庭角色，可能会放弃更多的成为企业家的机会（Ahl，2006）[146]。因此，要从教育计划和政策支持上，培育女性创业活动（Noguera et al.，2015）[147]。对于中国女性来说，由于男女经济地位和社会地位的差距，人力资本、资源禀赋、社会网络等条件的限制，不仅女性创业的数量偏少，而且还主要属于低层次的生存型创业，企业家精神的性别差距较为显著（刘鹏程等，2013）[27]。

6. 其他影响因素

基础设施建设虽然需要大量的资金，但它有利于减少区域间的壁垒，促进区域、行业间的交流合作，随着思想和知识的碰撞，更能激发出创意的火花，有利于创业活动（Woolley，2013[148]；Ghio et al.，2015[149]），而网络、电子邮件等新媒体的使用比电话、信件等传统的信息传播方式更能够激发企业的创新（Rowe and Detlefstruck，1999）[150]。正如 Lofstrom 等（2014）[56]指出，为了与在位企业进行竞争，市场的新进入者需要通过便捷的途径和方法，去掌握更多的技能和知识，从而创造出更多的商机。因此，基础设施建设与企业家创新、创业之间存在显著的正相关（Audretsch et al.，2015）[151]。研究还发现，学生在学生社团、校园活动以及社交活动中积累的社会资本，大学中所提供的创新创业教育，可能会促进企业家精神的发展（Praag et al.，2013）[152]。

综上所述，一方面，个体的内在心理品质和外在特征是企业家精神的重要影响因素，具体包括了追求收益的创业精神，充分配置资源获取超额利润的创新精神，敢于承担决策风险的冒险精神，整合资源过程中的合作精神以及对市场不均衡中出现的商机把握能力；另一方面，一系列的外部制度环境会决定企业家精神的形成和成长，企业家也通过具体活动来选择环境，是企业家群体的一种社会力量的表征，呈现出区域、文化、制度等多方面特征。

尽管横向和纵向维度的企业家精神数据中均隐含着空间维度的信息，但现有研究对于企业家精神的空间区位问题大多采取默认和回避的态度，即一方面承认空间因素对企业家精神的影响，但另一方面在实际建模分析过程中因难以将其量化而忽略了这种影响。企业家创新创业行为不仅受到特定地理位置的影响，可能还受到临近地区企业家行为的影响，不同区域之间的企业家精神可能存在空间相关性，若忽略这一空间特性，将可能会导致结果的不可靠。

三、企业家精神对经济增长的影响研究

尽管在 20 世纪初期，Schumpeter、Knight 就已经关注到了企业家精神，但关于企业家精神的经济分析一直未得到重视。直到 20 世纪 60 年代中期之后，内生经济增长理论将技术进步部分内生化，知识溢出和人力资本的加入，才使企业家精神进入经济增长理论成为可能（Arrow，1962）[153]。80 年代，学者们开始重视经济增长中知识和专业化的重要作用，垄断竞争均衡和新制度经济学的发展，也都为企业家精神的研究创造了便利条件（Wennekers and Thurik，1999[154]；Lee et al.，2004[155]）。企业家精神的知识溢出理论强调了，知识溢出在企业家精神促进经济增长中所发挥的作用（Acs et al.，2013）[6]。近年来，企业家精神的作用已经引起了众多学者的广泛关注，被认为是培育创新文化、维持国家竞争力和经济增长的重要驱动力量（Kritikos，2014[156]；Liargovas and Repousis，2015[157]；Stough，2016[158]）。

（一）市场竞争的角度

企业家在日常经营中，一边进行适应性调整，另一边进行创新，它通过增加企业的数量刺激竞争。虽然这本身也促进了经济增长，但这是一个累积的现象，

对于一个新的创意，竞争比垄断更有利于知识的外部性，因此，企业家精神通过竞争促进经济增长。

竞争促进企业创新。在市场经济中，随着大量中小企业的进入，企业数量的增加逐渐分散了市场结构，提高了市场的竞争程度。新企业在成立时，会面临着诸多不确定性，如新企业的战略规划是否适应市场需求，新企业是否要继续承担原有企业的社会责任，面对的市场偏好是否改变，组织管理能力是否完善（Audretsch and Keilbach，2004）[159]。相对于市场中在位企业的先天成本优势，新企业必须具备足够的实力，以防止处于一个不利的位置（Lofstrom et al.，2014）[56]。当然，这些不确定性使新企业面对激烈竞争的同时，也会给企业带来更多的机会。对于在位企业来说，当市场中产生新进入者时，所产生的竞争将会削减自己的收益（Bae et al.，2014）[160]。那么对市场机会的把握，将是新企业和在位企业重点关注的对象。市场竞争的加剧，若威胁到在位企业的生存和发展，在位企业将会试图提高创新能力，获取更多利润，这会促进企业家精神的发挥。竞争所产生的创新将会同时带动创业活动，从而带动了地方经济增长。

竞争促进产品创新。对于市场经济来说，产品过剩是一种常见现象。那么，产品创新也是企业在竞争中处于不败之地的关键。企业只有通过产品创新来适应市场需求，才能在竞争中谋得一席之地。当新产品进入市场时，会在短期内具有一定的垄断优势，这会使企业通过降低产品价格，扩大规模，迅速占领消费市场，进而获得巨大的收益。在位企业由于会担心其他竞争对手的模仿，而持续地降低经营成本，并且不断地提高产品数量，在这过程当中，丰富了产品市场，繁荣了市场经济（Shaw et al.，2013）[161]。新产品的出现，会逐渐取代市场中原有的旧产品，体现出熊彼特所提出的“创造性破坏”的特征，在这过程中，企业会竞相降低生产成本以提高生产效率，维护原有产品的市场地位，从而间接促进经济增长。当新产品的市场占有率达到一定规模后，在位企业必然无法阻止竞争对手的模仿，从而动摇了原创企业的垄断地位，刺激更多企业的投资，促进经济增长（郝颖等，2014）[162]。同时，产品创新通常会导致新企业的出现，甚至会发展成新兴产业，如当前的互联网信息产业，都是先有产品创新，然后才逐渐发展成为举足轻重的战略性新兴产业。产品创新所带来的产业结构调整，乃至新兴产业的崛起，是从供给侧改善经济结构、促进经济增长的重要途径（唐国华，2014）[163]。

因此，总的来看，企业家精神的发展，提高了市场的竞争程度，促进企业创新和产品创新，从而有利于经济增长。Yu (1998)[164]通过详细的数据对比分析，认为香港经济上的成功来自竞争性的企业家精神：产品模仿、小规模企业、分包等，这些企业家行为给香港经济带来了结构性的变化，促使本地区可以与发达国家竞争，最终促进了香港经济增长。Holcombe (1998)[165]认为企业家精神的核心是对捕捉商机具有足够的敏感性，通过竞争机制，富有创新精神的企业实施扩张战略，而缺乏创新精神的企业则退出市场，从而有效地激励了经济运行。Lee 等 (2004)[155]认为如果很容易进入一个地区性劳动力市场，新公司成立的概率会更高，这将强烈激励其他公司的创新活动。因此，从理论的角度来看，企业家精神能促进经济增长的基本机制，是新进入者和现有企业的竞争。Elert (2014)[166]同样认为竞争推动富有创新精神的企业持续进入和扩张，迫使缺乏创新精神的企业萎缩或者退出，产品市场的激烈竞争和适度的模仿会刺激经济增长。虽然新进入者向现有企业的挑战加剧了市场竞争，但这个过程受到特殊的行业条件和区域环境的影响，主要取决于三个因素：新进入者对现有企业所施加的压力大小、现有企业对竞争的反应以及竞争过程 (Mueller et al.，2008)[167]。

（二）知识溢出的角度

经济增长模型中忽视了知识溢出的重要作用，直到知识溢出理论的产生，该理论认为企业家精神是传播知识溢出的主要渠道，是知识与市场创新的关联桥梁 (Audretsch and Lehmann，2005[168]；Audretsch and Keilbach，2007[169]；Acs et al.，2009[170]；Braunerhjelm et al.，2010[171]；Block et al.，2013[172])。

Audretsch 和 Keilbach (2004)[28]引入了“企业家资本”的概念，它主要指社会资本中对创立和发展新企业有积极作用的制度、政策、法治环境、文化氛围等，索罗模型中经济增长的动力是“物质资本”，内生经济增长理论中的动力是“知识资本”，企业家内生增长的动力则是“企业家资本”。企业家资本主要是通过企业家的知识溢出效应促进经济增长，大学、科研院所拥有数量众多的技术发明和创意，但由于将这些先进技术转化为产品需要大量的资金、人才等要素资源，而大学、科研院所本身都不具备这些转化条件，于是科研人员可能会选择自主创业，在市场中实现技术的增值 (Audretsch and Belitski，2013)[173]。

以往的研究将高校知识溢出的过程视为一个“黑箱”，只是简单的“输入—输出”模式，而不是把知识溢出看作是一个围绕大学的复杂互动的生态系统

(Thurik et al. , 2012)[174]。高校中学者和研究人员密集，知识产出丰富，知识被认为是人力资本增长和投资的重要因素，它可以直接产生经济增长所必需的生产要素（资本和劳动力）。通常情况下，研究人员缺乏利用技术并开发新产品所需的企业经验，无法将知识应用于商业市场（Wright et al. , 2004)[175]。因此，识别科学技术创新中的市场机会，构建学术研究和潜在买家之间的桥梁，将是企业家精神的主要作用（Fritsch，2008)[176]。然而，对于初创企业中的科研人员来说，往往缺乏社会资本、金融资本、企业管理能力、营销手段等，这会影响技术利用的可持续性（Bercovitz and Feldman，2011)[177]。知识型新创企业吸引外部资本和风险投资的困难之一是管理团队的组成，大多缺乏必要的企业经验，但企业家恰好具有此方面的才能，只有通过企业家活动，才能利用好大学中的创新知识，让知识产生溢出，从而使更多人获益（Hesse and Sternberg，2017)[178]。对欧洲的一系列研究表明，企业家精神是知识创造、知识传播的主要途径，通过创新创业活动把知识转化为经济存量，是驱动经济内生增长的关键因素（Audretsch，2009)[179]。

许多对创新地理的研究表明，知识溢出效应存在空间距离的约束（Audretsch et al. , 2005)[180]。而知识专利、学术论文、书籍等，可以实现较低成本的长距离传输。在空间的限制下，知识溢出通过三种机制实现：衍生化知识、新加入企业的大学生、正式和非正式的知识交流（Ponds et al. , 2009)[181]。在地理空间相邻的区域，现有科研机构人员的社会网络会有助于促进他们交流和沟通、识别企业家机会，促使知识和技术在企业间快速扩散（Kang and Dall’erba，2016)[182]。现有组织的 R&D 投入通过知识的溢出效应为企业家选择合适的技术创造了更多的机会，那么企业家可以运用现有的资源、技术和发明专利进行创新活动，并吸引其他地区的人力资本、金融资本等向该地区集中，从而形成产业集聚，而创新和产业集聚能够促进地区经济增长，同时也说明企业家精神是形成区域经济发展不平衡的重要因素（Marcotte，2012)[9]。

Acs 等（2009)[170]进一步拓展了企业家精神的知识溢出机制，认为企业家行为不仅能发现机会，还包括对知识溢出的利用。Braunerhjelm 等（2010)[171]构建了一个包含企业家精神的数理模型，其中企业家选择性地将溢出知识产业化，企业家精神体现在对知识的过滤作用。企业家资本理论很好地回答了“欧洲悖论”，即企业家创新活动的缺乏是导致知识投入与经济增长不匹配的主要原因。在欧洲国家，由于缺乏企业家资本，大量的知识投资并不能通过建立新企业或者转换为创新来促进经济增长。Audretcsh 和 Belitski（2013)[173]认为需要依靠企业家挖掘和创造的知识用于实际生产，强化知识外溢的途径，知识和人力资本才能在促进经济增长中发挥应有作用。Acs 等（2013）[6]认为企业家知识溢出理论是将经济增长、地理学、战略学中的企业家精神思想结合在一起，不仅解释了人们为什么会创业，而且也解释了创业对经济和社会发展的重要性。Acs 和 Sanders（2013）[183]构建了知识溢出过程中的动态一般均衡分析框架，认为知识溢出带动新知识的创造和资源的重新配置，知识型企业成长离不开企业家精神的知识溢出。Haque（2016）[184]对巴基斯坦的研究发现，当生产商设法降低成本，提高产品质量和服务范围时，就需要挖掘新技术和寻找创新的方法，在这个过程中产生的企业家精神会提高生产力。

（三）企业家精神配置的角度

Baumol（1990）[185]等学者认为，企业家的供给并不是问题，社会中从不缺乏具有企业家精神的人，问题的关键是企业家精神的配置。他们认为，只有让企业家精神更多地配置到生产性创新活动中去，产生更多的创新型企业家，才能促进经济持续增长。Baumol 等（2009）[186]进一步将他此前的观点模型化，认为在技术和知识的跨国转移中，企业家精神往往来源于技术输出国，对于经济转型国家而言，模仿和技术引进比国内创新更为重要。这一理论还被运用到研究中国古代企业家精神配置问题中，在中国古代存在一个类似于“欧洲悖论”的问题：历史上拥有众多伟大的技术发明，但却未能实现长期的经济增长，关键的因素在于传统的中国社会体制，无法为企业家精神的配置提供合适的环境和激励（He et al.，2010）[187]。

除 Baumol 外，其他经济学家也对企业家精神的配置理论做出了重要贡献。Murphy 等（1991）[122]认为企业家精神的配置是最有天赋的人的职业选择，并引入企业家精神的规模报酬因素，分析了人们的职业选择情况，并认为如果大量的社会资源被寻租部门所占有，那么具有天赋的人就会试图加入寻租部门，并可能从事寻租活动，从而导致从事生产性活动的企业家数量不断减少，阻碍经济增长。Acemoglu（1995）[188]通过一个简单的模型说明市场中寻租者数量的增加会减少企业家投资的边际产出，从而减少企业家收益，导致企业家数量减少。申小林（2001）[189]分析了企业家的寻租行为及特征，他将企业家活动分为生产性的创新活动和非生产性的寻租活动，并发现企业家不仅为企业获取垄断地位和竞争优势，也为自己谋取私利，具有双重属性。庄子银（2007）[190]在 Schumpeter 和

Baumol 的基础上，将企业家精神的配置问题纳入内生技术创新的经济增长模型中，研究了相对报酬结构的差异化对企业家精神配置的决定作用，研究发现企业家精神在生产性和非生产性活动中的配置情况，决定了一个地区的 R&D 投入、技术创新和经济增长水平。Brou 和 Ruta（2012）[191]采用市场竞争模型描述了以获利为目标的企业家精神配置情况及其对经济增长的作用，结果表明，寻租活动对经济增长的影响难以确定，这主要取决于寻租企业家的规模以及由此产生的新企业进入情况。

虽然 Baumol 等学者对生产性、非生产性和破坏性企业家精神进行了研究，但对于具体的范围和定义尚未形成一致的观点，关键的可能原因是实践活动中真正属于非生产性活动的并不多。在经济转型国家中，同时存在着合法与非法活动，大量的新建企业和中小企业都在一定程度上同时从事生产性活动和非生产性活动，尤其是在经济转型初期，由于法律法规的不完善，大量的寻租活动，如逃税、漏税，在企业的成长初期起到了积极作用，对经济发展具有促进作用（Smallbone and Welter，2001）[192]。对于不完善的市场体系来说，尤其是转轨经济体中，存在较大的寻租空间，企业家精神的错配现象比较严重，但是这种寻租可能会减少管制成本，提高企业运营效率，从而促进经济增长（何轩等，2016）[193]。Chen 和 Ku（2016）[194]以中国互联网行业为例，分析了寻租与企业家精神之间的关系，研究认为，实体部门中的寻租会导致互联网领域的创新。在中国，互联网行业类似于其他国家的地下经济，逃避规则。尽管虹吸效应会造成人才和资源进入寻租活动，但事实上，中国是一个开放的经济，本土的初创企业会利用国际资本进行创新活动，通过低价格创造了一个新的商业模式。中国市场规模庞大，提高了创新的价值，从而弥补了初创企业的高风险。虽然中国制度被认为是不完全有利于企业家精神的发展，如在中国做生意的成本很高，财产权的保护不够充分，合同执行不严，金融市场发展不成熟以及常见的腐败寻租（Murphy et al.，1991）[122]，但是中国的商业环境有利于创业和创新活动。学者们常疑问为何中国制度不健全，但互联网领域的私人企业活力强劲。这个悖论的解释是非正式制度取代正式制度，例如，非正式金融工具弥补正规金融机构的不足，个人关系和非正式合同弥补合同制度不足等（Kwock et al.，2013）[195]。

由于企业家的非生产性活动大多属于“地下经济”，具有隐蔽性，所以相关数据难以获得（Wiseman，2013）[196]，定量考察企业家精神在生产性活动和非生产性活动间的配置情况时存在一定的难度。因此，一些学者都采用代理变量来衡量企业家的生产性活动，如高成长性企业创业比率、人均风险资本投资、人均专利数量、独资企业增长率、新注册企业增长率等。另外一些学者对企业家精神的非生产性配置进行了测量。Sobel（2008）[197]调查和统计了美国各州中参与政治游说的企业数量，以此为基础构建了非生产性企业家精神的度量指标体系。Wiseman（2013）[196]研究了腐败对于企业家精神在生产性活动和非生产性活动中配置的影响，结果发现，腐败越严重，地下经济规模就会越大，企业家精神就会由生产性活动向非生产性活动转移，主要是因为腐败程度加剧，企业家为了保护自己的财产免受侵占，可能会转移到非生产性的地下经济中去，导致企业家精神在生产活动中的配置比例降低，从长期来看，这不利于经济发展。企业家精神在生产性活动中的分配与以创业为目标的金融资本和人力资本发展程度成正比，与政府腐败程度成反比，更好的制度环境会造就更多的生产性活动（Bowen and Clercq，2008）[198]。因此，影响企业家精神在生产性活动和非生产性活动中配置的关键因素是两种活动所提供的相对收益大小，只有建立激励创新的报酬结构，促使企业家从事生产性创新活动，才能打破经济低水平发展。由于生产性企业家较少参与逃税或者非法活动，更多地从事创新活动，在长期和短期内的生产性产出会更多（Sauka and Welter，2014）[199]。

众多研究表明，更多生产性的企业家精神与创业活动将更加有利于经济增长（胡永刚、石崇，2016）[200]。故而在发展中国家，公共政策的重点应该是非生产性和破坏性活动的平衡，侧重于如何支持创建新企业、规范现有企业，促进企业家的生产性活动（Desai et al.，2013）[201]。

综上所述，现有关于企业家精神与经济增长关系的研究内容丰富，视角多元，强调了企业家精神对经济增长的积极促进作用，强调了企业家精神通过竞争、知识溢出等市场机制带来的收益递增效应。但还存在不足之处：由于“地理学第一定律”的存在，企业家精神通过知识溢出、产业集聚等方式，不仅对本地区经济增长产生影响，而且也可能对其他地区的经济增长产生影响，空间因素在企业家精神和区域经济增长中具有重要作用。然而，现有文献在理论研究和实证研究方面，大多忽略了这一点。

四、研究述评

综上所述，现有文献虽对企业家精神与经济增长的相互关系，进行了深入的探讨，取得了丰富的研究成果，但仍存在一些局限性，主要表现在：

（一）未能全面度量企业家精神并描述企业家精神的空间分布特征

由于企业家精神的概念及其度量指标尚未统一，且随着社会经济的发展而不断演变，现有研究不仅存在指标简单化的问题，而且主要是从个人、企业和国家层面上描述企业家精神，很少从国家内部的区域层面来度量企业家精神，更缺少对其长期动态变化趋势的准确描述。中国幅员辽阔，区域之间社会经济发展水平差距较大，省域企业家精神的空间分布模式如何，是否有差别？本省的企业家精神与邻省的企业家精神有空间相关性吗？若存在相关性，在企业家精神空间相关的结构模式上有什么区别？企业家精神的空间聚集是孤立分布吗？这些问题均无法从现有研究中找到答案。

（二）企业家精神的空间溢出效应及影响因素研究不足

根据“地理学第一定律”，企业家的创新创业行为不仅受到特定地理位置的影响，还可能受到其他地区企业家行为的影响，不同区域之间的企业家精神存在空间相关性。学者们对于企业家精神的空间区位问题大多采取默认和回避的态度，即一方面承认空间因素对企业家活动的影响，但另一方面在实际建模分析过程中因难以将其量化而忽略了这种影响。中国独特的地域特征和制度环境，塑造了创造性、多样性与主动性并存的企业家群体和企业家精神，尤其是在经济活动广泛空间关联的前提下，众多的制度环境当中，哪些因素对于企业家精神的发展至关重要，还需要进一步甄别。

（三）企业家精神影响区域经济增长的空间作用机理尚不明晰

尽管横向和纵向维度的企业家精神的数据中均隐含着空间维度的信息，但现有研究很少将关注的重点集中在企业家精神的空间维度。由于“地理学第一定律”的存在，企业家精神不仅对本地区经济活动产生影响，而且还对其他地区的经济活动产生影响，但既有研究基于传统的内生经济增长理论，仅着眼于企业家精神对本地区经济的影响，忽略了地区之间的空间相关性，无法明确解释企业家精神在促进区域经济增长中空间因素所发挥的重要作用。

（四）企业家精神影响区域经济增长的实证分析存在不足

企业家精神与区域经济增长问题，必然会涉及企业家活动的空间分布、空间关联和空间作用，因而在实证研究中就不能不考虑两者的空间相关性，现有文献中一般采用传统的计量方法进行估计参数，未能将空间因素纳入计量模型当中，使估计结果可能会产生偏差。空间计量经济学的发展，为这种空间相关性的实证分析提供了很好的研究方法和手段。本书正是通过空间计量模型的实证分析，从直接效应和溢出效应两个方面，检验了企业家精神对区域经济增长的影响，获得更为准确可靠的研究结果。

第三章　企业家精神影响区域经济增长的空间关联机制

近年来，企业家精神的作用已经引起了众多学者的广泛关注，被认为是培育创新文化、维持国家竞争力和经济增长的重要驱动力量。众多学者从市场竞争、知识溢出与扩散、企业家精神配置等角度，阐述了企业家精神对经济增长的作用机制（Baumol，1990[185]；Murphy et al.，1991[122]；庄子银，2005[202]；Hessels and Stel，2011[203]；Block et al.，2013[172]；Audretcsh and Belitski，2013[173]；Kritikos，2014[156]；Liargovas and Repousis，2015[157]；Stough，2016[158]）。但在现有关于企业家精神与区域经济增长的研究中，很少考虑到空间因素的作用。根据"地理学第一定律"，企业家精神通过知识、技术、人才的流动产生外溢效应，可以在空间层面上产生创新的报酬递增，这不仅对本地区经济增长产生影响，而且还可能对其他地区的经济增长产生影响，但既有研究基于传统的内生经济增长理论，仅着眼于企业家精神对本地区经济增长的影响，忽略了地区之间的空间相关性，无法明确解释企业家精神在促进区域经济增长中空间因素所发挥的重要作用。因此，本章为了弥补这一不足，从新经济地理学出发，基于 Dixit and Stiglitz（1977）[204]的垄断竞争模型、Krugman（1991）[205]的核心边缘模型（CP 模型），将企业家资本（即企业家精神）引入空间局部溢出模型（LS 模型），通过数理推导和理论分析，揭示企业家精神影响区域经济增长的空间关联机制。

一、理论基础

新经济地理学把主流经济学长期忽视的空间因素纳入一般均衡分析框架，采用数学建模来处理集聚力和分散力之间的均衡问题，从而研究经济活动空间分布问题，探索不同经济活动的空间集聚机制，据此深入分析区域经济增长的规律、内生动力及其所蕴含的政策意义，从而为空间经济活动的研究提供了坚实的基础（安虎森，2009）[206]。本章的理论分析主要基于新经济地理学的 CP 模型和 LS 模型。

（一）CP 模型

在 D-S 模型框架的基础上，Krugman（1991）[205]在《收益递增与经济地理》一文中，通过构建核心—边缘模型（CP 模型），阐述了厂商与消费者之间的一般均衡，把空间因素引入经济活动分析当中，是新经济地理学的开山之作。

从世界人口的分布规律可以看出，大多数人口都集中在经济发达的城市，即核心区，少数人口分散在辽阔的农村，即边缘区。CP 模型就是要解释这种空间模式产生的根源。因此，Krugman 在该模型中考虑了运输成本和劳动者迁移，并提出以下三点假设：①经济体由两个部门构成，分别为农业和工业。农业部门生产同一种产品，且遵循规模报酬不变；工业部门生产不同种类的产品，且遵循规模报酬递增，产品种类较多，但单个厂商只生产唯一产品，且厂商所处的市场环境为垄断竞争型。消费者偏好用包含农产品和工业品的 Cobb-Douglas 函数来描述，对任意工业品的效用由 CES 函数来描述。②对于任意两个区域，开始时的资源禀赋、技术水平和消费者偏好都相同，相互之间可进行交易，农产品交易成本不计，而工业品交易按照冰山运输成本来核算。③经济体中具有两种劳动力：一种是农业劳动力，无法流动；另一种是工业劳动力，可以自由流动，且追求效用最大化。模型关注的重点问题是，在两个区域中，人口、产品与经济活动是怎样分布的，工业是否会向某个特定地区聚集，而人口是否也会因此产生迁徙。

CP 模型的关键在于厂商和劳动者对地区的选取。对于任意一个厂商，都会选择市场规模较大的地区，因为在较大的市场中，能够充分发挥规模经济，同时接近消费者，能够降低运输成本；对于劳动者来说，也倾向于选择较大市场，因为在较大市场中，能够获得较高的收入，享受到种类丰富的产品。这被称为本地市场效应。由于存在这一趋势，厂商和劳动者会由市场规模小的地区向市场规模大的地区迁移，从而进一步引起市场规模的变化，导致两者之间的差距扩大，这将产生循环累积过程。为了阐述这一过程，模型中首先假设每个地区均具有一半的厂商和劳动力，这样两个地区的初始禀赋相同，达到一种均衡，这被称为对称均衡。但若由于某个偶然因素的干扰，某个地区的劳动力发生转移，对称均衡被破坏。由于存在本地市场效应，且劳动力迁入地区的收入水平足够高，那么劳动力还会继续向该迁入地区转移。这也将产生累积过程，劳动力迁入使得该地区的消费者数量增加，市场规模扩大，实际工资水平上升，这又吸引更多的劳动力迁入。这样，劳动力迁入的地区演变为核心区，而劳动力迁出的地区演变为边缘区，直到劳动力停止迁移，这一循环过程才会结束，此时产生新的均衡被称为核心—边缘均衡。

（二）LS 模型

CP 模型重点研究产业布局的长期均衡。然而，对于欠发达地区来说，最关心的是如何实现地区经济增长。当然，可通过增加要素投入、调整产业布局等方式来实现经济增长，但更为重要的是，如何让该地区通过自我增长来实现。Martin和 Ottaviano（1999）[207]提出全局溢出模型（GS 模型），首次将内生经济增长引入新经济地理学，认为资本存量所带来的溢出效应，能够降低新资本的产生成本，从而有利于资本的积累，实现资本积累的循环往复，从而促进经济的内生增长。该模型认为知识和技术溢出能在区域之间产生，且溢出强度与空间距离无关，在任何地方，资本存量对新资本形成的作用都一致，忽视了知识传播过程中，空间距离的影响。针对这一不足，Baldwin 等（2001）[208]提出空间局部溢出模型（LS 模型）。LS 模型在 CP 模型的框架基础上，把溢出效应与空间因素相结合，认为知识资本存量所产生的溢出效应，会因为地理空间的差异，而对新资本产生不同的影响，由此分析了知识资本溢出与经济增长之间的关系。在 LS 模型中，认为具有溢出效应的资本为知识资本，并考虑了空间距离对知识传播的影响，认为不同的知识传播方式会产生不同的溢出效果。距离越近，知识溢出效应越大，知识溢出具有本地化的特征，溢出特征更类似于 Jacob 的外部性，而非 MAR 外部性。

新古典经济增长模型中，更加关注物质资本的积累，但物质资本被认为是规模报酬递减，经济系统的稳定状态取决于资本劳动比。当经济系统达到均衡时，要想实现经济增长，必须依靠外力作用。内生经济增长理论则认为，经济增长是依靠物质资本、人力资本或知识资本等资本积累来实现的。人力资本或知识资本存在规模报酬递增特性，伴随着资本的提升，溢出效应增强，会产生更多的新知识和技术，从而促进经济内生增长。因此，LS 模型是一种内生经济增长模型，在该模型中，将资本当成知识资本或人力资本，知识的产生遵循学习曲线，即随着知识的增加，知识的生产成本下降。也意味着，随着知识和技术积累，由于知识的溢出效应，会提升知识的创新效率，当下的创新都能从以往的创新中获益。LS 模型与 CP 模型具有众多共同的特征，如部分基本假设条件、本地市场放大效应、循环累积因果效应等。

二、企业家精神对区域经济增长的空间溢出效应

知识资本是 LS 模型的一个核心概念，在不同空间区域，知识资本存量的溢出效应不同，且对经济活动的空间作用也存在差异。不过，由于知识，尤其是新知识具有价值不确定性、信息不对称性和交易成本等特征，要将（新）知识转化为（新）产品，促进知识溢出，实现其潜在的市场价值，就需要企业家的深度参与（Audretsch and Keilbach，2004）[28]。究其原因，企业家对机会的把握及新事物的追求，引导知识生产方向；企业家倡导并建立有利于创新的氛围，激励知识生产的热情和效率；企业家组织知识的积累、共享和转移，促进知识的创造（杨林、俞安平，2016[209]；李宇等，2017[210]）。基于此，本书在 LS 模型的基础上，引入反映企业家精神的“企业家资本”变量，研究经济系统在短期均衡和长期长期均衡下，企业家精神与区域经济增长的空间关联问题，分析并讨论企业家精神对区域经济增长的空间溢出效应。

（一）基本假设

对模型的基本假设如下：

（1）经济系统由两个区域构成，即北部和南部；系统中有两个生产部门，即农业部门和工业部门；在生产中使用两种要素资源，即企业家资本和劳动。北部所拥有的企业家资本份额为 s_E，劳动力份额为 s_L；南部的则由“＊”来表示，分别为 s_E^* 和 s_L^*。则有 $s_E^* = 1 - s_E$，$s_L^* = 1 - s_L$。

（2）农业部门生产遵循瓦尔拉斯一般均衡，存在规模收益不变和完全竞争，只使用劳动一种生产要素，生产同一种农产品，单位农产品产出需要单位劳动，并且以单位农产品作为计价物。农产品可以无成本地在区域内和区域间交易。

（3）工业部门以规模收益递增和垄断竞争为特征。工业部门只以企业家资本作为固定成本，生产每种工业产品需消耗一单位的企业家资本，由于该资本并非物质资本，因此生产每种工业品所需要的一单位资本，就是一个创意或者一种

技术；劳动作为可变成本，每单位产出使用 a_m 单位的劳动。这样对于任意一个企业，成本函数可表示为 $\omega+\omega_L a_m x$，其中，ω 为企业家资本的名义收益率，ω_L 为劳动的名义工资水平，x 为产出量。工业品的区际交易具有"冰山"成本，即如果北部的厂商把一单位产品出售到南部，则它必须运输 τ 单位产品，因为在运输过程中有 $\tau-1$ 单位产品被"融"掉了。

（4）北部和南部初始拥有的劳动力资源相同，各占一半，并且在区域间无法流动，因此区域内的劳动力资源保持不变。由于企业家资本不是凭空产生，需要经过学习和培训，假设企业家资本是通过付出劳动才能产生，那么还存在折旧，每个时期资本折旧率为 δ。

（5）假设新产生的企业家资本分为两类：一类是私人企业家资本，专门用于本区域内新产品发明和新企业的创建，在区域间不能自由流动，私人企业家资本的数量就等于企业数量。另一类是公共企业家资本，可以在区域间自由流动，能够广泛流动，容易被另一区域所吸收利用。因此，$s_n=s_E$、$s_n^*=s_E^*$，式中 s_n、s_n^* 分别为北部、南部工业产品种类，s_E、s_E^* 分别为北部、南部私人企业家资本的市场份额。

（6）由于学习效应的存在，假设单位企业家资本形成的成本会随着资本的积累而逐渐下降，而新的企业家资本只能通过劳动来产生，每单位企业家资本的形成需要 a_I 单位的劳动。因此，采用 F 表示单位企业家资本形成的边际成本，则有 $F=\omega_L a_I$。由于存在学习效应，或者跨区时期的技术溢出效应，则 a_I 会随着产出的增加而逐渐降低。假设企业家资本形成的成本还取决于资本的区位，则北部和南部的企业家资本形成的成本表达式分别为：

$$F=\omega_L a_I,\ a_I=1(E^{\omega}A),\ A=s_E+\lambda(1-s_E) \tag{3-1}$$

$$F=\omega_L a_I^*,\ a_I^*=1(E^{\omega}A^*),\ A^*=\lambda s_E+\lambda(1-s_E) \tag{3-2}$$

其中，F、F^* 分别表示北部和南部企业家资本形成的边际成本，a_I、a_I^* 分别表示北部和南部单位企业家资本形成所需要的劳动，A、A^* 分别表示北部和南部企业家资本的最终份额，E^{ω} 表示全部企业家资本数量。λ 为企业家资本溢出系数，反映公共企业家资本在区域间流动的难易程度。以北部为例，λ 越大，A 也就越大，表明企业家资本在区域间流动的障碍就越小，即一个区域的企业家资本流动到另一个区域时，衰减的程度就越小，产生新资本的成本就越小；反之亦然，λ 越小，A 也就越小，企业家资本流动的障碍就越大，衰减的程度也就越大，产生新资本的成本就越大。λ 的取值范围为［0，1］，可以度量企业家资本的空间流动自由度。

（7）消费者的跨时期效用函数仍由 Cobb-Douglas 生产函数和 CES 函数给出，为了进一步简化，认为消费者的跨期替代弹性为 1，效用函数由对数来表示，如式（3－3）：

$$U=\int_{i=0}^{\infty}e^{-t\rho}\ln Cdt,\ C=C_A^{1-\mu}C_M^{\mu},\ C_M=\left(\int_{i=0}^{n^{\omega}}c_i^{1-1/\sigma}d_i\right)^{1/(1-1/\sigma)} \tag{3-3}$$

其中，C_A、C_M 分别为农产品和工业品组合的消费量，μ 为工业品支出占总支出的比重，σ 为工业品的替代弹性，均为常数，且满足 $0<\mu<1<\sigma$。ρ 为消费者的效用折现率。n^{ω} 为工业品种类数量总和。

与 CP 模型一样，工业品组合的价格指数为：

$$p_M=\left(\int_{i=0}^{n\omega}p_i^{1-\sigma}di\right)^{1/(1-\sigma)} \tag{3-4}$$

其中，p_i 为各工业品的价格，则消费者的成本价格指数为 $P=P_A^{-1(1-\mu)}P_M^{-\mu}$，$P_A$ 为农产品的价格指数。假设消费者的名义总支出为 W，则其实际购买力为 WP，即为消费者的间接效用函数。令 $\Delta=\left(\int_{i=0}^{n\omega}p_i^{1-\sigma}di\right)/n^{\omega}$，则 $p_M=(\Delta n^{\omega})^{1/(1-\sigma)}$，因此，间接效用函数可表示为：

$$V=WP=WP_A^{-(1-\mu)}P_M^{-\mu}=WP_A^{-(1-\mu)}(\Delta n^{\omega})^{a},\ a=\mu/(\sigma-1) \tag{3-5}$$

另外，根据效用函数 $C_M=\left(\int_{i=0}^{n\omega}c_i^{1-1/\sigma}d_i\right)^{1/(1-1/\sigma)}$，最大化一阶条件，可得到北部消费者对北部地区产品 j 的需求量 c_j 为：

$$c_j=\mu W\frac{P_j^{-\sigma}}{P_M^{1-\sigma}}=\mu W\frac{P_j^{-\sigma}}{\Delta n^{\omega}},\ \Delta n^{\omega}=\int_{i=0}^{n\omega}p_i^{1-\sigma}di,\ W=\pi E+\omega_L L \tag{3-6}$$

其中，p_j 表示第 j 种产品价格。

（二）短期均衡

在模型中，企业家资本存量一直增加，系统中有两个长期变量：一个是企业家资本增长率 g，另一个是产品种类的空间分布特征 s_n。在短期内，这两个变量保持稳定不变，此时两个区域的 g 相同，s_n 相当于一个外生变量；在长期均衡时，s_n 又会保持不变，此时，两个区域的 g 相等或者企业家资本完全聚集到某一区域。

1. 农业部门和工业部门

正如前文所述，农业部门生产遵循瓦尔拉斯一般均衡，且不存在空间交易成本，农产品的价格在任何地区都相同。在本模型中，采用单位劳动所生产的单位农产品为计价单位，则有：$p_A = p_A^* = \omega_L = \omega_L^* = 1$。

对于工业部门，由于消费者需求函数的约束，与 CP 模型相同，对生产任意一种产品的厂商来说，利润最大化时会选择边际成本加成定价。厂商的成本函数可表示为$\pi + a_m\omega_L x$。因此，产品在本地出售的价格为 p，计算如下：

由公式 $c_j = \mu W p_j^{-\sigma}/P_M^{1-\sigma} = \mu W p_j^{-\sigma}/\sum_{i=0}^{N} p_i^{1-\sigma}$ 可知，对于任意一种产品 j 来说，若不考虑其价格 p_j 对价格指数 $\sum_{i=0}^{N} p_i^{1-\sigma}$ 的影响，则 μW 和 $\sum_{i=0}^{N} p_i^{1-\sigma}$ 皆为常数。产品 j 的价格与数量之间则存在：

$$x_j = c_j + \tau c_j^*,\quad c_j = kp_j^{-\sigma},\quad c_j^* = k^*(p_j^*)^{-\sigma} = \tau^{-\sigma}k^* p_j^{-\sigma}$$

$$x_j = kp_j^{-\sigma} + \tau^{1-\sigma}k^* p_j^{-\sigma} = (k + \tau^{1-\sigma}k^*)p_j^{-\sigma} \tag{3-7}$$

其中，$k = \mu W/\sum_{i=0}^{N} p_i^{1-\sigma}$，$k^* = \mu W^*/\sum_{i=0}^{N}(p_i^*)^{1-\sigma}$

则生产产品 j 的厂商的利润为：$p_j x_j - (\pi + a_m\omega_L x)$

构建拉格朗日方程为：

$$L = p_j x_j - (\pi + a_m\omega_L x) + \lambda[x_j - (k + \tau^{1-\sigma}k^*)p_j^{-\sigma}] \tag{3-8}$$

分别对 x_j、p_j 求导，得到：

$$\frac{dL}{dx_j} = p_j - a_m\omega_L + \lambda = 0 \tag{3-9}$$

$$\frac{dL}{dp_j} = x_j + \lambda(k + \tau^{1-\sigma}k^*)\sigma p_j^{-\sigma-1} = 0 \tag{3-10}$$

把式（3-7）代入式（3-10），可求得 λ，再代入式（3-9），可得到：

$$p_j = a_m\omega_L\sigma/(\sigma-1) \tag{3-11}$$

对于任意厂商而言，产出和价格都相同，去掉下标 j，则有：

$$p = a_m\omega_L\sigma/(\sigma-1) \tag{3-12}$$

由于存在冰山成本，产品在异地出售的价格为：$p^* = \tau p$。采用恰当的度量单位，可使 $a_m = \sigma/(\sigma-1)$，经过标准化处理，得到 $p = 1$，$p^* = \tau$。工业部门产品的分布特征与企业家资本相同，则最终得到：

$$p=1,\ p^{*}=\tau,\ p_A=p_A^{*}=\omega_L=\omega_L^{*}=1,\ s_n=s_E \tag{3-13}$$

2. 资本收益率

由于每个厂商都是以单位企业家资本作为固定成本，则在短期内企业家资本收益率与厂商利润相等。对于一个北部厂商，该厂商在本地的销售量为 c，价格为 p，在南部地区的销售量为 c^{*}，价格为 $p^{*}=\tau p$。那么，厂商的总产出为 $x=c+\tau c^{*}$，厂商的销售收入为 $pc+p^{*}c^{*}=p(c+\tau c^{*})=px$，在垄断竞争市场环境中，厂商的利润为零，则表示销售收入与成本相等，即 $p=\pi+\omega_L a_m x$。又由于 $p=a_m\omega_l\sigma/(\sigma-1)$，则有 $\pi=px/\sigma$。

又因为 $c=\mu Wp^{-\sigma}P_M^{-(1-\sigma)}$，$c^{*}=\mu W^{*}(p^{*})^{-\sigma}(P_M^{*})^{-(1-\sigma)}=\mu W^{*}(\tau p)^{-\sigma}(P_M^{*})^{-(1-\sigma)}$，所以，$px=\mu p^{1-\sigma}(WP_M^{-(1-\sigma)}+W^{*}\tau^{1-\sigma}(P_M^{*})^{-(1-\sigma)})$。因此，如果已知北部和南部的工业品价格指数 P_M、P_M^{*}，则通过表达式 $\pi=px/\sigma$，可得到利润函数，分别计算如下：

$$P_M^{1-\sigma}=\int_0^{n^{\omega}}p^{1-\sigma}di=np^{1-\sigma}+n^{*}(\tau p)^{1-\sigma}=n^{\omega}p^{1-\sigma}[s_n+\varphi(1-s_n)] \tag{3-14}$$

$$(P_M^{*})^{1-\sigma}=\int_0^{n^{\omega}}p^{1-\sigma}di=n(\tau p)^{1-\sigma}+n^{*}p^{1-\sigma}=n^{\omega}p^{1-\sigma}[\varphi s_n+\varphi(1-s_n)] \tag{3-15}$$

其中，$\varphi=\tau^{1-\sigma}$，表示市场自由度；$s_n=n/n^{\omega}$，表示北部厂商数量所占比重；$1-s_n=n^{*}/n^{\omega}$ 为南部厂商数量所占比重。将式（3-14）和式（3-15）代入 π 的表达式，可得到：

$$\begin{aligned}\pi=px/\sigma&=\frac{\mu p^{1-\sigma}}{\sigma}\left[\frac{W^{\omega}s_W}{n^{\omega}p^{1-\sigma}(s_n+\varphi(1-s_n))}+\frac{W^{\omega}(1-s_W)\varphi}{n^{\omega}p^{1-\sigma}(\varphi s_n+(1-s_n))}\right]\\&=\frac{\mu W^{\omega}}{\sigma n^{\omega}}\left[\frac{s_W}{s_n+\varphi(1-s_n)}+\varphi\frac{1-s_W}{\varphi s_n+(1-s_n)}\right]\end{aligned} \tag{3-16}$$

其中，$s_W=W/W^{\omega}$ 为北部支出占总支出的比重，$1-s_W=W^{*}/W^{\omega}$ 为南部支出所占比重。由于每个厂商只利用一个单位企业家资本，因此，$n\omega=E^{\omega}$。而 $\Delta=P_M/n^{\omega}=p^{1-\sigma}[s_n+\varphi(1-s_n)]$，$\Delta^{*}=P_M^{*}/n^{\omega}=p^{1-\sigma}[\varphi s_n+(1-s_n)]$。在标准化处理中，认为产品在本地销售时的价格为 1，则 Δ 和 Δ^{*} 可简化为：$\Delta=s_n+\varphi(1-s_n)$，$\Delta^{*}=\varphi s_n+(1-s_n)$，再令 $b=\mu/\sigma$，则北部厂商的利润为：

$$\pi=bB\frac{W^{\omega}}{E^{\omega}},\ B=\frac{s_W}{\Delta}+\varphi\frac{1-s_W}{\Delta},\ b=\frac{\mu}{\sigma} \tag{3-17}$$

同理，南部厂商的利润为：

$$\pi^{*}=bB^{*}\frac{W^{\omega}}{E^{\omega}},\ B=\varphi\frac{s_W}{\Delta}+\frac{1-s_W}{\Delta^{*}} \tag{3-18}$$

3. 市场份额

资本收益不仅取决于产品的空间分布 s_n，还取决于相对市场规模 s_W，由于 s_n 是给定的，那么主要取决于市场份额 s_W 的大小。由于总支出等于要素资源的总收入减去新资本形成额，总收入则包括劳动收入和企业家资本收益，表达式分别为：

$$\omega_L L+\omega_L^{*}L^{*}=L^{\omega} \tag{3-19}$$

$$\begin{aligned}\pi s_nE^{\omega}+\pi^{*}(1-s_nE^{\omega})&=bB\frac{W^{\omega}}{E^{\omega}}s_nK^{\omega}+bB^{*}\frac{W^{\omega}}{E^{\omega}}(1-s_n)E^{\omega}\\&=bE^{\omega}[s_nB+(1-s_n)B^{*}]\\&=bW^{\omega}\end{aligned} \tag{3-20}$$

新产生的企业家资本有两个作用：一是补偿资本折旧，大小为 δE^{ω}；二是维持资本存量的增长速率 g，大小为 gE^{ω}，那么新资本总量为 $E_1^{\omega}=\delta E^{\omega}+gE^{\omega}$。因此，产生新资本所需的劳动为：$L_1^{\omega}=E_1^{\omega}a'_1=(\delta+g)E^{\omega}a'_1$，根据总支出等于总收入，则有：

$$W^{\omega}=L^{\omega}+bW^{\omega}-(\delta+g)E^{\omega}a'_1 \tag{3-21}$$

因此，对于北部和南部地区分别有：

$$W=s_LL^{\omega}+s_KbBW^{\omega}-(\delta+g)Ea_I \tag{3-22}$$

$$W^{*}=(1-s_L)L^{\omega}+s_KbBW^{\omega}-(\delta+g)E^{*}a_I^{*} \tag{3-23}$$

将式（3-22）和式（3-33）相加，得到：

$$\begin{aligned}W^{\omega}&=L^{\omega}+bW^{\omega}-(\delta+g)(Ea_I+E^{*}a_I^{*})\\&=L^{\omega}+bW^{\omega}-(\delta+g)\left[\frac{S_E}{S_E+\lambda(1-S_E)}+\frac{1-S_E}{\lambda S_E+(1-S_E)}\right]\end{aligned} \tag{3-24}$$

经过变换，得到：

$$W^{\omega}=\frac{L^{\omega}-(\delta+g)\left[\frac{s_E}{s_E+\lambda(1-s_E)}+\frac{1-s_E}{\lambda s_E+(1-s_E)}\right]}{1-b} \tag{3-25}$$

将式（3-22）除以式（3-25），代入 $s_E=s_n$，可得到：

$$s_W=\frac{\frac{s_nb\varphi}{\Delta^{*}}+(1-b)\frac{s_LL^{\omega}-\frac{(\delta+g)s_n}{A}}{L^{\omega}-(\delta+g)\left(\frac{s_n}{A}+\frac{1-s_n}{A^{*}}\right)}}{1-s_nb\left(\frac{1}{\Delta}-\varphi\frac{1}{\Delta^{*}}\right)} \tag{3-26}$$

从式（3-26）中可以发现，市场份额 s_W 取决于变量 s_n 和增长率 g，式中其他变量皆为系统参数。

（三）长期均衡

1. 长期均衡条件

由于企业家资本的不断产生与折旧，北部和南部区域内的企业家资本存量发生不断变化，相对市场份额也随之改变。每个区域企业家资本存量不断增加或者减少，直到资本收益率等于新资本形成的成本。此时，经济体系达到长期均衡。

模型中只存在两种均衡，一是内部均衡（$0 < s_E < 1$），两个地区的企业家资本增长率相等，即 $g = g^*$；二是 CP 结构均衡（$s_E = 0$ 或者 $s_E = 1$），此时所有企业家资本完全集中到一个区域。由于 g 和 g^* 会长期影响企业家资本份额 s_E，可得到如下恒等式：

$$\dot{s}_E = (g - g^*) s_E (1 - s_E) \tag{3-27}$$

根据式（3-27），当 $g = g^*$、$s_E = 0$、$s_E = 1$ 时，经济系统出现长期稳定均衡。此时，还存在如下等式：

$$q = \frac{v}{F} = 1,\ q^* = \frac{v^*}{F^*} = 1,\ 0 < s_E < 1 \tag{3-28}$$

或者 $q = 1$，$q < 1$，$s_E = 1$

其中，v 为单位企业家资本的价值，F 为单位企业家资本的形成成本，q 是企业家资本价值与形成成本的比值，即托宾的 q 值。下面，将计算企业家资本的当期价值：

在长期均衡条件下，企业家资本存量的增长率 g 和空间分布特征 s_n 为固定值，总支出 W^ω 也为稳定值。此时，资本收益 $\pi s_n E^\omega + \pi^* (1 - s_n E^\omega) = bW^\omega$ 也是固定值。同时，企业家资本存量的增速为 g，这意味着随着工业产品种类的增加，单位资本的利润将会以 g 的速率下降，即 $\pi(t) = \pi e^{-gt}$，$\pi^*(t) = \pi^* e^{-gt}$。由于资本存在折旧率，单位资本未来可使用资本为 $e^{-\delta t}$。综上所述，单位资本的当期价值可表示为：

$$v = \int_0^\infty e^{-\rho t} e^{-\delta t} (\pi e^{-gt}) dt = \frac{\pi}{\rho + \delta + g} \tag{3-29}$$

$$v^* = \frac{\pi^*}{\rho + \delta + g} \tag{3-30}$$

2. 长期均衡特征

（1）对称均衡下的经济增长。

首先探讨对称内部均衡下的特征，此时 $s_E=1/2$，根据式（3－25），可得到：

$$W^{\omega}=\frac{L^{\omega}-(\delta+g)\left[\frac{s_E}{s_E+\lambda(1-s_E)}+\frac{1-s_E}{\lambda s_E+(1-s_E)}\right]}{1-b}$$

$$=\frac{1}{1-b}\left[L^{\omega}-\frac{2(\delta+g)}{1+\lambda}\right] \tag{3－31}$$

在长期对称均衡下，有 $s_L=s_E=s_W=1/2$，$B=B^*=1$，则：

$$q=\frac{v}{F}=\frac{\pi}{(\rho+\delta+g)\omega_L a_I}=\frac{\pi E^{\omega}A}{\rho+\delta+g}=\frac{bBW^{\omega}A}{\rho+\delta+g}=\frac{b(1+\lambda)W^{\omega}}{2(\rho+\delta+g)} \tag{3－32}$$

将 W^{ω}的表达式代入式（3－32），可得：

$$q=\frac{b(1+\lambda)}{2(1-b)(\rho+\delta+g)}\left[L^{\omega}-\frac{2(g+\delta)}{1+\lambda}\right]=1 \tag{3－33}$$

可解得长期均衡下的增长率 g，如下：

$$g_{sym}=\frac{b(1+\lambda)}{2}L^{\omega}-(1-b)\rho-\delta \tag{3－34}$$

将式（3－34）代入式（3－31），则可得到：

$$W^{\omega}=L^{\omega}+\frac{2\rho}{1+\lambda} \tag{3－35}$$

从式（3－34）可以发现，在长期均衡下，随着 λ 的上升，区域间障碍减小，溢出效应增强，长期增长率 g 将会提高。当 $\lambda=1$ 时，区域之间知识流动不存在障碍，g 将会达到最大值。由于 $g=g^*$，那么经济体的均衡增长率就等于 g，且实际收入增长率为 $g\mu/(\sigma-1)$。

（2）CP 均衡下的经济增长。

在 CP 均衡下 $s_E=1$，$\Delta=1$，$\Delta^*=\varphi$，$A=1$，$B=1$，$q=1$，$q^*<1$，与对称均衡相比，此时企业家资本全部聚集在一个区域，资本的形成也在同一区域，因此，知识的溢出效应也完全发生在该区域，知识传播不存在衰减，此时 $\lambda=1$，则有：

$$W^{\omega}=\frac{L^{\omega}-(\delta+g)}{1-b} \tag{3－36}$$

$$q=\frac{v}{F}=\frac{bBW^{\omega}A}{\rho+\delta+g}=\frac{b(L^{\omega}-g-\delta)}{(1+b)(\rho+\delta+g)}=1 \tag{3－37}$$

由此，可得到 CP 结构下的增长率：

$$g_{cp}=bL^{\omega}-(1-b)\rho-\delta \tag{3-38}$$

比较式(3－34)和式(3－38)，可以发现，CP 均衡下的 g_{cp} 要大于对称均衡下的 g_{sym}。

$$g_{cp}-g_{sym}=\frac{b(1-\lambda)}{2}L^{\omega} \tag{3-39}$$

这表明，空间因素是“非中性”的，增长率将会受到空间分布特征的影响，这也是空间因素作用于经济增长的重要体现。

（四）空间溢出效应分析

如前所述，LS 模型与 CP 模型存在部分假设条件、本地市场放大效应、循环累积因果效应等诸多共同的特征，但也存在一些不同的特征。因此，本部分将从这些特征出发，根据数理模型的分析结果，重点讨论企业家精神对区域经济增长的空间溢出效应。

1. 循环累积因果效应

本章模型中的循环累积因果效应主要包括需求相关和成本相关两个方面的因果效应。在经济系统中，假设某个地区的企业家资本份额得到提升，人力、技术、资本等生产要素就会向该地区集中，则厂商的生产规模将逐渐扩大，厂商的经营成本随之下降，由于存在规模报酬递增，要素资源的收益增加，从而导致支出份额增加，本地区市场规模扩大，对产品的需求进一步增长，从而再次提高本地区企业家资本份额，通过“本地市场放大效应”实现循环累积。但与 CP 模型不同的是，这一循环累积因果效应不是来自工业品生产过程中对要素资源的大量需求，而是源于企业家资本的形成或损耗，由于企业家资本收益要用于本地市场的消费，因此新资本的形成将有利于放大本地市场规模。

本章模型中的循环累积因果效应还与生产成本关联，由于存在知识和技术的空间溢出，当期形成企业家资本的劳动效率主要取决于前期的知识积累。劳动者既吸收了来自区域以外的溢出知识，也继承了来自本地区以往的经验知识，这就形成“跨期垂直联系”效应。以北部地区为例，企业家资本形成依赖于前期的资本积累情况，若前期的企业家资本份额越大，知识和技术的积淀就越深厚，产生企业家资本的成本就越低，资本创造的动力就越强，效率就越高，进而北部地区资本和产业的份额就会越高，如此又会降低新资本形成成本，从而产生循环累积效应。该效应的产生机制与CP模型有所不同。在CP模型中，由于资本份额的增大，产品种类的增多，导致市场中商品价格下降，工人的生活成本降低，使得实际收入水平相对提高，从而使工人向具有更低生活成本的资本聚集区迁移，这又会扩大市场规模，进一步降低生活成本，形成循环累积效应。

2. 内生经济增长的集聚效应

假设初期经济系统处于对称均衡，一旦该均衡被打破，某个地区的企业家资本份额将会快速增加，工业产品的种类将不断丰富，市场规模扩大，厂商的利润提高，企业家资本收益也相应提升。与此同时，企业家资本份额的提升还将会逐渐降低新资本形成成本，生产效率逐渐提高，资本收益率不断增加，这会导致新资本形成的动力增强。当企业家资本溢出指数 $\lambda=0$ 时，即公共企业家资本无法流动，在区域之间不产生溢出效应，所有的资本都集中于本地。此时，系统为CP结构。

当初始状态为对称均衡时，若系统发生某种细微的外部扰动，那么企业家资本份额大的地区中的资本积累速度将快于另一区域。此时，由于托宾 q 中的分母将会变小，q 值变大，表明该地区内更多的资源用于新资本形成，该地区逐渐发展为核心区，而另一区域则逐渐退化为边缘区。因此，原本企业家资本份额较大的区域在演变为核心区后，经济发展速度会加快，这又会对其他区域的要素资源产生吸引力，从而加快核心区的经济增长。于是，经济内生增长所产生的集聚力，就是企业家精神有利于本地区经济增长的内生集聚效应。

3. 知识溢出的扩散效应

如果说内生经济增长是促进经济集聚的动力，那么企业家资本溢出就是促进经济分散的动力。在本章模型中，式（3-1）和式（3-2）给出了新资本形成成本的函数表达式，利用数学语言阐述了分散力的作用机理。上述两公式说明，距离越近，企业家资本的流动障碍就越小，溢出效应就越大，两个区域之间的相互联系就越密切，彼此之间差异性就越小；反之，距离越远，企业家资本溢出效应越小，各自独立性就越强，相互之间的差距就越大。

可以从以下两个方面来阐述企业家资本溢出所产生的扩散效应：其一，当 $\lambda=1$ 时，区域间不存在任何资本溢出障碍，企业家资本可以完全溢出，若市场自由度 φ 足够小，则经济系统的对称均衡能够保持稳定；其二，当 λ 由零逐渐增大时，市场自由度 φ 的取值区间将会扩大，即随着 λ 的增大，φ 增大，对称均衡遭到破坏的可能性就越低，对称均衡就越稳定，这表明企业家资本溢出促使经济向边缘区扩散，保持对称均衡的分散力。这也说明，企业家精神具有促使区域经济增长的正向空间溢出效应。

4. 核心区对边缘区的补偿效应

在 CP 模型中，只要存在冰山交易成本，那么相对于核心区而言，边缘区都通常处于弱势地位，利益会受到损害，但本章模型中避免了这一问题。图 3－1 给出了北区（N）和南区（S）的福利水平（*Welfare*）随 φ 的变化趋势，其中假设北部为核心区，南部为边缘区。

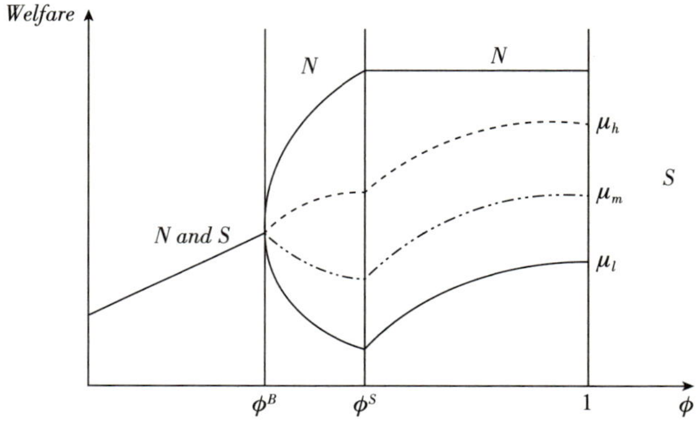

图 3－1　核心区对边缘区的补偿效应

如果区域经济发展达到一体化，由于区域间存在非均衡力，必然会导致经济增长的空间差异。在 CP 均衡中，核心区生产产品，而边缘区不生产产品，因此随着交易成本的下降，核心区无须支付额外交易成本，相对应的实际收入提高；对于边缘区而言，则需为购买的产品支付额外交易成本，相对应的实际收入降低，边缘区的福利受到损失。核心区与边缘区福利水平的空间差异，通常与区域经济增长如影相随。因此，对于边缘区来说，一方面，由于缺乏产业支撑而造成静态损失；另一方面，经济增长又会产生动态收益，这两者的共同作用决定了边缘区的最终福利。很显然，对于核心区来说，经济聚集会有助于其福利水平上升，但对边缘区福利水平的影响难以确定。

图 3－1 反映的是两个区域长期的福利水平随 φ 的变化曲线。可以发现，当 φ 足够大时，全部企业家资本和产业都聚集在北部。假设开始时 φ 值很小，经济系统处于对称均衡状态，若提高 φ 值，降低交易成本，可以降低产品价格和居民

生活成本，两个地区的福利水平同时提升。当 φ 上升到突破点值 φ^B 时，对称均衡遭到破坏，要素资源和产业向北部聚集，各地区的福利水平发生截然相反的变化。北部能从经济聚集和经济增长中同时获益，福利水平大幅提升；南部可以从经济增长受益，但由于资源和产业外流而从经济聚集中受损，福利水平的变化取决于收益和受损情况的相对大小。这也能够说明为何经济腾飞后，北部的福利水平总是高于南部。当 φ 上升到维持点 φ^S，经济系统将达到新的 CP 均衡，所有产业聚集在北部，北部演变为核心区，福利水平保持在稳定水平。同时，南部演变为边缘区，必须同时考虑由于资本流失所造成的福利损失和经济发展所产生的福利收益。当工业产品支出比重 μ 很小时，经济增长对边缘区福利水平的提升作用较小，此时福利损失大于收益，边缘区的福利水平恶化，如图中曲线 μ_l 所示。当工业产品支出比重 μ 足够大时，经济增长给边缘区带来的收益较多，且大于经济聚集而遭受的损失，总体福利水平将会提高，超过经济起飞前的水平，如图中曲线 μ_h 所示。此时，核心区和边缘区都从经济增长中同时受益，也就意味着核心区的经济增长能够补偿边缘区。

三、企业家精神与区域经济增长的空间关联框架

基于 CP 模型、LS 模型的空间经济学分析框架，根据文献综述和上述数理模型的分析与讨论结果，本书构建了一个企业家精神与区域经济增长的空间分析框架，能够较好地从理论上诠释企业家精神与区域经济增长的空间作用机制，主要包括三个方面的内容，如图 3 –2 所示。

第一，企业家精神的空间溢出效应。“地理学第一定律”表明任何经济活动都是空间相关的，企业家活动自然也不例外。因此，企业家精神在区域之间存在空间相关性，某个地区的企业家精神不仅受到特定地理位置的影响，还受到其他地区企业家精神的影响，即企业家精神存在空间溢出效应。企业家精神的空间溢出效应主要是通过知识溢出、人力资本流动、产业转移、商品贸易等途径产生的：①知识溢出被认为是企业家创新创业机会的主要来源，企业家创新创业的过程也就是知识溢出的过程，知识尤其是创新创业知识，包括商机、企业组织方式、管理经验等，在实践中被企业家不断吸收和运用（Brooksbank et al. , 2012）[211]。知识溢出的企业家理论认为，高校、研究所等科研机构的知

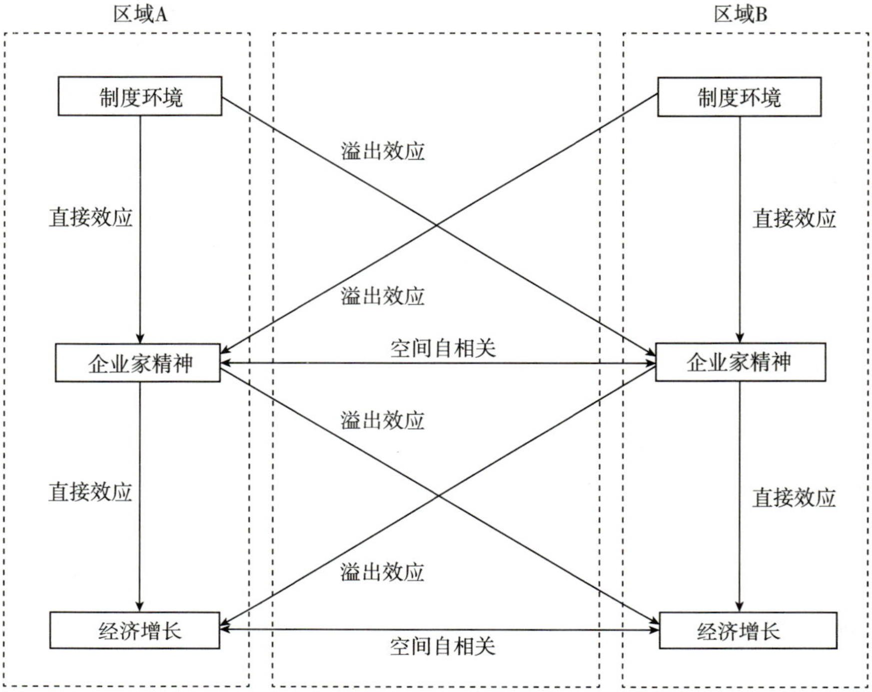

图3－2　企业家精神与区域经济增长的空间关联框架

识创造会引致知识溢出，进而产生创新创业机会，企业家通过开发利用机会，实现知识的市场价值（叶静怡等，2016）[212]。②人力资本在所有的创新要素中，独具主观性和创造性，是知识、技术的创新载体，也是企业创立的根本。人力资本的空间流动，会带动创新知识、创业思想在区域之间的交流与碰撞，从而有利于培养企业家精神（张海峰，2016）[213]。尤其对于具有国外工作经历的人来说，通过模仿和创新，将国外的成功案例引入国内，在国内创建新企业和新产品，成功率会更高（苗琦等，2015）[214]。总之，人力资本流动所形成的空间分散特征，都会有利于企业家精神的空间溢出（杜鹏程等，2016）[215]。③产业转移能带来外部的创新要素，通过学习效应、竞争效应、员工流动等方式，增强区域间的企业、科研院所之间的产学研合作，形成区域创新合作网络，从而提升区域创新能力，对于中西部地区而言，产业转移能同时促进创新投入和创新产出，为欠发达地区的跨越式发展提供了一条切实可行的路径（张仁枫、王莹莹，2013[216]；马永红等，2016[217]；马永红等，2016[218]）。同时，随着产业转移，尤其是回归式产业转移，一些草根企业家会在外出务工、积累经验并创业成功之后，回乡投资发展，这不仅促进了当地企业家的快速成长，而且还带动了企业家精神的回归（周阳敏、高友才，2011）[219]。④商品贸易能通过竞争驱动效应、信息扩散效应等途径，发挥技术溢出在企业模仿、创新中的重要作用，从而促进企业创新能力提升（谢莉娟、王诗桴，2017）[220]。当减少区域之间的贸易壁垒，提高市场自由度，将会降低知识、技术、资本的溢出成本，促进创新资源在区域之间的合理流动，实现创新资源的最优化配置（童伟伟、熊芳，2017）[221]。对于技术知识，一旦降低交易壁垒，区域间形成完善的技术交易网络，那么各地区可通过该交易网络获得所需的技术知识，从而实现企业家精神的转移和发展（刘凤朝等，2015）[222]。

此外，由文献综述可知，企业家精神在发展过程中，还会受到经济环境、政治环境、法治环境等外部制度环境的影响，因此本书也将制度环境变量纳入分析框架。制度环境对企业家精神的影响可分为区域内的直接效应和区域间的溢出效应。其中，某制度环境变动对本地区企业家精神的总体影响为直接效应，某制度环境变动对其他地区企业家精神的影响为间接效应，即影响因素的空间溢出效应，两种效应同时存在且相辅相成。

综上所述，提出以下假设：

H1：企业家精神在区域之间存在显著的正向空间溢出效应。

H2：企业家精神在受到本地区制度环境直接影响的基础上，还受到其他地区制度环境溢出效应的影响。

第二，区域经济增长的空间溢出效应。经济增长在区域之间同样存在空间相关性，某个地区的经济增长不仅受到特定地理位置的影响，还受到其他地区经济增长的影响，即经济增长存在空间溢出效应（赵彦云等，2017）[223]。根据新经济地理理论，经济活动的空间关联可区分为两类：一类是传统的经济关联，主要是通过生产要素、商品或服务的流通和转移来实现的。Krugman 在 CP 模型中，通过“需求关联效应”和“成本关联效应”，充分说明了劳动力转移与企业区位选择的循环累积因果关系，认为生产要素、商品和中间品的区域流动，必然会加强区域之间的经济关联，产生经济增长的空间溢出效应（才国伟、钱金保，2013[224]；颜银根、安虎森，2014[225]）。另一类是知识溢出的经济关联，主要是通过人的知识活动来实现的。局部溢出模型、全局溢出模型和知识创新与传递模型，都强调了知识溢出对区域经济增长的影响（Martin and Ottaviano，1999[207]；

Baldwin et al.，2001[208]；Berliant and Fujita，2008[226]）。由于知识和技术的空间转移，区域经济增长产生空间溢出效应。关于区域经济增长的相互影响，非均衡增长理论早有定论，认为生产要素流动和商品贸易对落后地区形成“回流效应”和“扩散效应”，发达地区对落后地区商品的购买和投资，会使经济增长扩散到落后地区，产生“核心区对边缘区”的空间溢出效应（潘文卿，2012）[227]。此外，由于“冰山交易成本”的存在，要素流动、商品贸易、知识溢出等经济活动，都与空间地理距离存在显著的关联。因此，经济增长溢出效应也存在显著的梯度特征，与空间距离息息相关（李敬等，2014）[228]。

综上所述，提出以下假设：

H3：区域经济增长存在显著的正向空间溢出效应。

H4：区域经济增长的空间溢出效应会随着空间距离的增大而减弱。

第三，企业家精神对区域经济增长的空间溢出效应。由于企业家精神和经济增长的空间自相关，可将企业家精神对经济增长的影响分解为区域内直接效应和区域间溢出效应。其中，企业家精神变动对本地区经济增长的总体影响为直接效应，企业家精神变动对其他地区经济增长的影响为溢出效应，两种效应同时存在且相辅相成。与传统生产要素相比，企业家精神具有稀缺性和追求利润最大化的本质特征，会由边际收益率较低地区向较高地区转移。对于不同的经济体系，这一“择优”机制会引致企业家精神在地区间流动，产生空间关联。就企业家个体而言，由于地区间的差异，理性的企业家都会追求利益最大化，会利用“用脚投票”的方式，选择营商环境更好、市场需求更大、产品利润更高的地区。

根据上文的模型分析，企业家精神的动态流动对区域经济增长产生的影响，主要体现在：循环累积因果效应，包括需求关联的因果效应和成本关联的因果效应；内生经济增长的集聚效应，当经济系统的对称稳定均衡被打破时，其中企业家资本份额大的地区中的资本积累速度将快于另一区域，那么该区域的经济发展速度加快，这又会对其他区域的资源产生吸引力，经济的内生增长形成了一种集聚力；知识溢出的扩散效应，企业家资本溢出是促使经济向边缘区扩散，保持对称均衡的分散力量；核心区对边缘区的补偿效应，当工业产品支出份额足够大时，边缘区从经济增长中获得的收益将大于由于经济聚集而遭受的损失，边缘区的福利水平将会提高，超过经济起飞前的福利水平，两个区域从经济增长中同时受益，核心区的经济增长就能够补偿边缘区。

综上所述，提出以下假设：

H5：企业家精神在对本地区经济增长产生正向直接效应的基础上，还会对其他地区经济增长产生正向空间溢出效应。

H6：企业家精神对区域经济增长的空间溢出效应会随着空间距离的变化而改变。

四、本章小结

新经济地理学把主流经济学长期忽视的空间因素纳入一般均衡分析框架，采用数学建模来处理集聚力和分散力之间的均衡问题，从而研究经济活动空间分布问题，探索不同经济活动的空间集聚机制，据此深入分析区域经济增长的规律、内生动力及其所蕴含的政策意义。本书从新经济地理学出发，基于克鲁格曼的核心边缘模型（CP 模型），将企业家资本（即企业家精神）引入空间局部溢出模型，经过数理推导和分析，发现企业家精神与区域经济增长的空间关联机制主要包括以下几个方面：一是企业家精神的空间溢出效应。由于企业家精神的空间自相关，企业家精神在区域之间存在空间溢出效应，且同时受到本地区和其他地区外部制度环境的影响。企业家精神的空间溢出效应主要是通过知识溢出、人力资本流动、产业转移、商品贸易等途径产生。二是区域经济增长的空间溢出效应。由于经济活动的空间关联，区域经济增长存在空间溢出效应，且溢出效应会随着空间距离的变化而改变。三是企业家精神对区域经济增长的空间溢出效应。由于企业家精神和经济增长的空间自相关，企业家精神在对本地区经济增长产生正向直接效应的基础上，还会对其他地区经济增长产生正向空间溢出效应。两者的影响效应主要体现在循环累积因果效应、内生经济增长的集聚效应、知识溢出的扩散效应、核心区对边缘区的补偿效应等。

第四章　企业家精神的空间分布特征

根据新经济地理理论，企业家精神具有在特定地区聚集的空间分布特征，并且在区域之间呈现出空间相关性（Spatial Correlation）。因此，本章将在测度中国省域企业家精神数值的基础上，深入分析企业家精神的空间分布特征和空间相关性，主要分为两个部分：一是企业家精神的测度。本章将在现有研究的基础上，立足中国国情和区域特征，从人力投入、资本投入、协同创新、产业发展、创新产出、创业产出六个方面，构建企业家精神的评价指标体系，并采用全局主成分分析法对省域企业家精神进行测度，力求准确客观地反映中国企业家精神的特征概况。二是描绘企业家精神的空间分布特征。本章将利用探索性空间数据分析方法（ESDA），通过对空间单元关联格局的描述与分析，揭示企业家精神的空间分布特征、集聚特征，探索企业家精神随时间的演化趋势。

一、企业家精神评价指标体系构建

（一）企业家精神的界定

Covin 和 Slevin（1991）[229]认为企业家精神主要体现在创新性、开拓性和冒险性三个方面，并提出度量企业家精神的 C-S 模型，该模型主要从以下四个维度来度量企业家精神：①企业的外部环境，如技术环境、环境的推动力和阻力等。②企业的决策，如目标性决策和商业运营策略等。③企业的内部特征，如组织文化、组织结构、组织能力和管理层价值观等。④企业的表现，如增长和盈利等。C-S 模型归纳了企业家精神方面的诸多研究成果，将企业行为和表现作为度量企业家精神的主要指标。因此，本书在熊彼特、奈特企业家理论和 C－S 模型的基础上，借鉴产业经济学的研究成果，从区域整体的企业家活动出发，认为企业家精神不仅包括企业家的个体特征，更为重要的是，它是一种区域性现象，是反映企业家群体的社会角色、主体力量的表征，具有多样化的区域制度环境背景特征。虽然由于企业家个体差异以及区域制度环境不同，企业家精神会呈现多样化特点，但是，仍能从企业家及企业的日常行为中捕捉到企业家精神的共性特征，主要包括以下四个方面：

（1）创新精神。企业家的创新精神是企业家最根本的特征，是熊彼特式的创新，包括企业家的创新知识、技能等自身特征，也包括企业家通过各种变革、创造等途径，充分利用资源、配置资源、开发新产品、开辟新市场、获取超额利润的综合能力。在区域层面，这种创新精神主要表现为制度的变革、市场的开放、技术进步和居民素质提升等。

（2）创业精神。无论是低层次的生存型创业，还是高层次的机会型创业，企业家的创业精神都是企业家精神的核心内容，通常包括以下特征：自信执着、较强的创业意向、对成功的渴望、适应性调整能力、管理才能以及较好的教育背景、职业背景、家庭背景、初始禀赋等。在区域层面，这种创业精神主要表现为新企业创建、私营企业经营状况等。

（3）承担风险的精神。坎蒂隆、奈特等经济学家认为，企业家天生具有冒险精神，存在较强的风险偏好，应对经济活动中的不确定风险是企业家的基本职能，也是企业家与其他职业的主要区别。尤其是在创建新企业、开发新产品的初始阶段，风险系数极高，需要企业家做出准确的决策并能承担后果。在区域层面，这种承担风险的精神主要表现为环境的优化、政府的支持、风险投资的介入等。

（4）协同合作精神。企业和企业家在成长过程中，离不开专业化的协作。特别是在高层次的创新活动中，需要企业家充当桥梁的作用，将政、产、学、研等创新要素集聚在一起。企业家必须具备较高的协调沟通能力，不仅要提高自身的影响力，还要能调动其他要素资源广泛参与企业的创新活动。在区域层面，这种协同合作精神主要表现为产学研合作、创新资源整合等。

（二）指标体系的设计原则

在企业家精神指标体系的构建过程中，本书参考了 GEM 指数等众多研究成果的设计原则，即所构建的指标体系必须能够反映企业家精神的实质内涵，同时更加关注区域的创新创业能力、活力及氛围，力求准确地反映企业家精神的核心特征，主要包含以下六个方面：

（1）坚持科学性原则。所构建的指标体系必须具有科学性和规范性，能够客观反映中国企业家精神的发展现状和潜在前景，能体现企业家精神的产生、发展与应用之间的关系。指标体系立足中国的国情和区域发展差异，从现实出发，尽可能地采取体现地区特征的企业家精神发展指标，力图对各地区企业家精神进行真实、客观的评价。

（2）围绕“创新创业”的核心主题。由于企业家精神是一种结合了创新和创业的开拓冒险精神，主要包括创新和创业两个方面的特征，因此，本书的企业家精神指标体系主要是围绕这两个方面展开，所设计的指标要直接或者间接符合创新或创业的特征要求。

（3）侧重于宏观层面的数据。由于本书要测度区域层面的企业家精神，是基于宏观数据的研究，因此无法直接度量其微观特征，如家庭背景、风险偏好、自信心、职业技能、管理经验等。尽管如此，众多研究表明企业家精神宏观层面的指标数据，能在很大程度上体现微观的综合效应。

（4）体现不同组织之间的协同合作。创新创业不是某一个部门或者机构能够独立完成的任务，通常涉及企业、政府、科研机构等诸多不同组织，需要不同组织之间的协同合作。因此，为了体现企业家精神的整体协作特征，需要增加相关指标，各指标既相互独立，又存在关联，形成有机统一的整体。

（5）坚持全面性的原则。企业家精神是一个长期变量，从创新意识的产生到最终新产品的市场化应用，从新企业的创建到发展壮大，都包含了企业家精神发展的整个过程。因此，指标体系要体现企业家精神发展过程中的投入、产出等多方面情况，全面展现其蕴含的特征。

（6）坚持数据的可得性和可比较性。由于本书需要在区域层面上度量企业家精神，各变量指标必须有明确的定义和衡量，且尽可能简明扼要，易于收集整理，在考察的时间范围内，数据必须能够可得，且方便进行区域之间的横向比较和时间趋势的纵向比较。

（三）指标体系的基本构成

中国科学院大数据挖掘与知识管理重点实验室、36 氪、中关村科技园区管理委员会、中国经济研究院于 2015 年和 2016 年分别发布《中国创新创业指数

1.0》和《中国创新创业指数2.0》，该评价指数主要从产出、投入和生态三个方面，选取了创业企业、融资、就业、技术成果、服务平台、政府基金、科技投入、生态、氪指数等相关指标，对区域创新创业活跃程度进行综合分析，该指标体系采用大数据挖掘技术来处理大量微观数据，具有重要的参考价值。但该指标体系从2015年才开始发布，不具有长期的延续性，无法描述创新创业活动在长期内的变化趋势，且该指标体系重点关注创业方面的指标，而对区域创新指标采用的较少，难以衡量区域内企业家的创新精神。

中国科技发展战略研究小组、中国科学院大学中国创新创业管理研究中心每年都会发布《中国区域创新能力评价报告》，该研究报告是以区域创新体系建设为重点，采用中国科技发展战略研究小组多年形成的评价方法，在指标选取、数据收集等方面都具有权威性、综合性和连续性。该区域创新能力评价体系包括知识创造、知识获取、企业创新、创新环境和创新绩效5个一级指标，40个三级指标。该评价体系涵盖了衡量创新的大部分指标，并从实力、效率和潜力三个方面出发，构建了区域创新能力分析框架。但遗憾的是，该评价体系未能包含衡量创业的指标，难以衡量区域内企业家的创业精神。

因此，本书在《中国创新创业指数》和《中国区域创新能力评价报告》这两个评价体系的基础上，针对其中存在的不足，借鉴《全球创业观察》《全球创新指数》《国家创新指数》《全球竞争力报告》等多个国内外著名的评价报告，并根据上述指标体系的设计原则，再立足于中国各地区的发展现状和特点，考虑到企业家精神诸多内涵的相对重要性，从人力投入、资本投入、协同创新、产业发展、创新产出、创业产出六个维度出发，构建一套适合中国国情的企业家精神评价指标体系，具体如表4－1所示。

表4－1　企业家精神评价指标体系

目标层	准则层	指标层	单位	变量
企业家精神	人力投入	平均受教育年限	年	X_1
		每百万人大学生人数	个	X_2
		科技活动人员占总就业人员比重	%	X_3
		R&D人员全时当量	人年	X_4
		R&D经费支出占GDP比重	%	X_5
		R&D人员人均经费	万元	X_6

续表

目标层	准则层	指标层	单位	变量
企业家精神	资本投入	R&D 资本存量	万元	X_7
		地方财政科技支出占比	%	X_8
		地方财政教育支出占比	%	X_9
		外商直接投资额占 GDP 比重	%	X_{10}
		创业风险投资额	万元	X_{11}
	协同创新	研发机构 R&D 经费支出中企业资金占比	%	X_{12}
		高校 R&D 经费支出中企业资金占比	%	X_{13}
		总 R&D 经费内部支出中政府资金占比	%	X_{14}
		企业引进技术经费与 R&D 经费的比值	%	X_{15}
		企业消化吸收经费与引进技术经费的比值	%	X_{16}
	产业发展	规模以上工业总产值中高新技术产业产值占比	%	X_{17}
		高新技术产业 R&D 人员全时当量	人年	X_{18}
		高新技术产业 R&D 经费内部支出	万元	X_{19}
		高新技术产业新产品销售收入占主营业务收入比重	%	X_{20}
	创新产出	规模以上工业企业新产品销售收入占比	%	X_{21}
		专利授权量	件	X_{22}
		发明专利授权量占比	%	X_{23}
		商标注册数量	件	X_{24}
		科技论文数	篇	X_{25}
		技术市场成交额	亿元	X_{26}
	创业产出	新增企业数量占比	%	X_{27}
		非公企业投资者占总就业人员比重	%	X_{28}
		非公企业就业人数占总就业人员比重	%	X_{29}
		非公企业数量	个	X_{30}

（四）指标变量的说明和测量

下面将分别从六个维度，对具体的每一个指标进行详细说明：

1. 人力投入

人力资本是企业家精神发展的基础保障，任何形式的创新创业，归根结底都离不开人力资本储备和支撑。创新型人才是创新创业成功与否的关键，在资本全球流动的形势下，物质资本并不缺乏，稀缺的是人力资本。目前来看，尽管中国各类各级学校入学率大幅上升，但国民的平均素质与发达国家相比仍存在差距，只有不断加强人才培养和积累，才能加快人力资本的形成。本书将从两个角度来衡量人力投入：

一是基本的人口素质。事实早已证明，日本、美国等创新型国家的国民素质均处于世界前列。因此，较高水平的人口素质是企业家精神产生的土壤，只有具备较高的受教育程度，更多的科学文化知识和专业素养，才可能具备创新意识。因此，采用平均受教育年限和每万人大学生人数来衡量人口素质状况。其中，平均受教育年限计算公式如下：

$$\bar{H} = \sum_{i=1}^{7} H_{it} \times h_i \tag{4-1}$$

其中，$\bar{H}_t$ 表示 t 年平均受教育年限，$i=1$，2，3，4，5，6，7 分别表示文盲、小学、初中、高中、大专、大学本科、研究生 7 个教育程度，h_i 表示第 i 级的教育年限，分别表示为 0 年、6 年、9 年、12 年、15 年、16 年、19 年，H_{it} 表示第 t 年第 i 级受教育人口占比。

二是科技人员情况。科技人员一般具备技术创新思维，并能进一步将创新思维应用于实践，通过研发、中试，进而将新产品推广到市场，实现新技术的应用和增值，一个地区的创新离不开科技人员的参与。从发达国家的经验来看，创新能力较强的国家，科技人员比重较高。因此采用科技活动人员占总就业人员比重和 R&D 人员全时当量来衡量，前者由各地区科技活动人员除以总就业人员数得到，后者是国际上用于比较科技人力投入的常用指标，是指 R&D 全时人员工作量与非全时人员按实际工作时间折算的工作量之和。

2. 资本投入

资本投入是企业家精神发展的必备条件之一，只有充足的经费保障，才能吸引更多的人才、购买更多的先进设备来从事创新创业活动。从发达国家来看，日本、美国等创新型国家的经费投入强度始终位于全球前列。而国内创新型企业代表——华为在创新产出上硕果累累，2015 年专利申请量位居全球第一，且能在国际竞争中取得巨大优势，得益于每年 5% 的高强度投入。因此，本书从 R&D 经费投入、科教财政投入、吸引投资三个方面选取衡量资本投入的指标。

R&D 经费投入是指用于基础研究、应用研究和试验发展的经费支出，加大 R&D 经费投入是一个国家实现自主创新的重要手段。2014 年，中国 R&D 经费投入强度首次突破 2%，表明中国科技投入水平不断增强，与发达国家的差距进一步缩小。R&D 经费投入又包括三项指标：R&D 经费支出占 GDP 比重，衡量一个地区对科技创新的投入强度，是国际社会常用来衡量创新战略的核心指标；R&D 人员人均经费，用研究与试验发展人员（全时工作量）计算的人均经费支出来表示；R&D 资本存量，考察 R&D 活动对当期及未来数期技术创新的影响，反映 R&D 活动的延续性和累积性，衡量科技创新投入更为全面，利用 R&D 支出、价格指数、折旧率等数据经永续盘存法计算得到。

科教财政投入是指地方政府财政支出中对于科技和教育的投入，科技、教育历来是经济增长的源泉和动力，是培育企业家精神土壤的基本途径，也是实施科技创新战略的基本保障，由于科技、教育具有显著的外溢效应，加大科技、教育的投入力度，有利于形成科技创新体系，从而促进创新创业活动。因此，采用地方财政科技支出占比和地方财政教育支出占比来分别衡量科技、教育的财政投入强度。

企业家精神较强的地区相对更容易获得外来投资，因此吸引投资的能力反映了该地区企业家精神的活跃程度。本书选取两个指标来衡量地区吸引投资能力：其一是 FDI 占 GDP 的比重。研究表明，FDI 为中国企业的产生、发展提供了资金和技术支持，提升了本土企业的创新能力。外资企业以其先进的公司治理、较强的创新能力、显著的技术优势，激发了中国企业的企业家精神，对国内企业家形成示范效应和学习效应，产生“企业家呼唤企业家”的效果；FDI 通过溢出和关联效应，进一步提升当地的区位优势，诱导同一行业内其他企业的进入，促进中国企业家的创业活动。其二是创业风险投资额。近些年，创业风险投资规模迅速扩大，特别在互联网、信息技术等新兴行业表现尤为突出，阿里巴巴、腾讯、百度、滴滴等众多互联网企业能快速成长为“独角兽”企业，风险投资可谓居功至伟。风险投资带动了新兴行业内的创新创业活动，为新兴企业插上了腾飞的翅膀，对于一个地区而言，获得风险投资的金额越大，也就意味着该地区的创新创业活动越密集。

3. 协同创新

企业家精神的发展离不开社会各创新主体与要素的广泛参与。正是由于创新要素的集聚、组合，整个社会的创新创业氛围才会越来越浓厚，特别是高新技术产业开发区，将政、产、学、研等创新要素集聚在一起，通过专业孵化器、创业培训、创业讲座等形式，将创新创业效果发挥到极致。在这其中，政府是创新创业的推动者，通过出台相关政策措施，为科技创新营造良好的环境，利用财政投入降低企业创新成本，激发企业创新热情；高校是培养创新型人才的基地，不但能够生产、传播基础知识，还能直接产生关键性的技术，大学创新创业课程的开设和普及，创新创业项目的不断实施，让高知识群体创业成为一种发展趋势。协同创新过程是集知识生产、知识传播和知识转移应用为一体的耦合过程，其关键是形成以高校、政府、企业、中介组织等创新平台为主体的协同互动的网络创新模式。本书从产学研合作和创新资源整合两个方面选取指标来衡量协同创新。

在产学研合作方面，涉及政府、企业、高校和科研院所这四者之间的合作关系，主要包括研发机构 R&D 经费支出中企业资金占比、高校 R&D 经费支出中企业资金占比、总 R&D 经费内部支出中政府资金占比三个指标。

在创新资源整合方面，由于企业才是创新的主体，因此，从企业整合创新资源能力方面选取两个指标，分别为：企业引进技术经费与 R&D 经费的比值，采用规模以上工业企业的数据来表示，获取技术是企业发展战略的重中之重，尤其在知识经济背景下，拥有先进技术是企业保持核心竞争力的关键手段，技术获取主要包括技术引进和自主研发，从全国范围来看，这个比值呈下降趋势，表明中国企业已经逐渐改变对国外技术的依赖，自主创新能力不断增强；企业消化吸收经费与引进技术经费的比值，采用规模以上工业企业的数据来表示，企业引进技术进行消化吸收是充分掌握先进技术、培育创新能力的重要基础，这一比值呈不断上升趋势，反映随着技术引进强度的增加，企业技术学习能力也随之水涨船高。

4. *产业发展*

企业家创新精神的发展，主要体现在特定产业的竞争力，这又需要具有先进技术的企业作为创新的主要实践者。高新技术产业的发展和创新状况直接反映企业家创新精神，从现实来看，高新技术产业聚集地区正是企业家精神活跃之处。在大众创业、万众创新的背景下，以科技园为主的创新空间成为高新技术产业聚集地，其发展水平决定了区域的创新创业能力。因此，本书从产业特征和高新技术产业两个方面选取衡量产业发展的指标。

产业特征由规模以上工业总产值中高新技术产业产值占比来衡量，企业是科技创新的主体，而高新技术产业又是知识密集和技术密集型产业，是衡量一个地区整体创新能力和竞争力的重要标志。

在高新技术产业方面，选取三个指标，分别为高新技术产业 R&D 人员全时当量、高新技术产业 R&D 经费内部支出、高新技术产业新产品销售收入占主营业务收入比重，主要从投入和产出的角度反映高新技术产业的发展情况。

5. 创新产出

在已有关于企业家精神的研究中，大多采用创新产出这一指标来衡量，体现了企业家创新才能，一般采用专利数来表示（李宏彬等，2009[43]；Chowdhury et al.，2015[55]），该指标反映了 Schumpeter“创造性破坏”思想的核心——创新，由于该数据容易获取，在实证中得到广泛应用。然而，专利在衡量创新产出上存在缺陷，难以体现企业创新的市场价值，因为与科研单位不同，企业创新最终目的是要在市场中获取经济效益，而国内远低于国际水平的专利转化率是无法实现这一要求的。还有部分企业出于保密和商业战略需要，并未申请专利，影响了该指标的可靠性（钱锡红等，2010）[230]。由于新产品能够反映创新成果产业化和市场化之后的经济价值，能较为全面地体现企业在过程创新和产品创新中发挥的作用（杨洋等，2015）[231]。因此，本书从新产品和知识产权产出两个方面来选取衡量创新产出的指标。

新产品作为创新产出指标，能反映企业通过创新活动所获取的收益，能直接体现创新的市场价值，采用规模以上工业企业新产品销售收入占比来表示。知识产权是创新驱动发展的主要动力，反映创新投入转化为创新产出的“创新效率”，采用五个指标来描述，分别为专利授权量、发明专利授权量占比、商标注册数量、科技论文数、技术市场成交额，这些指标都体现了企业家的创新精神。其中，专利授权量由国家专利局公布的专利数来表示，包括发明专利、实用新型和外观设计三类之和；发明专利授权量占比采用发明专利授权量与总专利授权量的比值来表示，体现该地区专利质量水平；科技论文数用国外主要检索工具（SCI、EI、CPCI-S）收录我国科技论文数量来表示；技术市场是技术成果在生产者、经营者、消费者之间进行交换的场所，技术市场所交换的商品是以知识形态出现的，技术市场成交额表示技术市场的交易规模与交易质量。

6. 创业产出

企业家在创业过程中，凭借独特的眼光发现市场商机，通过整合资本、人力、土地等生产要素资源，建立新企业，提供新产品或新服务，最终实现市场价值。在这其中，企业家精神对企业家的创业行为具有举足轻重的作用。在 GEM 等研究中，通常采用“自我雇佣率”“新建企业率”等指标来衡量企业家创业精神，借鉴这一思路，本书从新企业和非公企业两个方面选取衡量创业产出的指标。

在新企业方面，随着商事制度改革实施以来，市场活力被进一步激发，2015 年平均每天新注册企业超过 1 万户，全国新登记市场主体 1479.8 万户。新建企业数量体现了企业家创业精神的活跃程度，采用新增企业法人单位数量与当年企业法人单位数量的比值来表示。

企业家创业精神的另一个体现是个体工商户和私营企业等非公企业的发展状况。比如，浙江是全国非公经济最为发达的地区，浙商的创业意愿和创业能力，就是一种资源和竞争力，非公经济的快速发展孕育出实干聪明的企业家精神，成为企业家创业精神的全国典范。本书采用三个指标来描述非公企业发展情况，分别为非公企业投资者占总就业人员比重、非公企业就业人数占总就业人员比重、非公企业数量，其中，非公企业包括私营企业和个体工商户。

（五）数据来源及描述性统计

1. 数据来源

本书的数据主要来源于 2002 ~2016 年的《中国统计年鉴》《中国科技统计年鉴》《中国高新技术产业统计年鉴》《中国金融统计年鉴》《中国人口和就业统计年鉴》《中国私营经济年鉴》，并采用各省市历年统计年鉴对缺失的数据给予补充，如《甘肃发展年鉴》《河北经济年鉴》等。有些数据可以从统计年鉴中直接得到，而有些数据需要进行运算和整理。还有部分数据，则通过 Wind 数据库等途径得到。对于部分年鉴上缺少而又无法得到的数据，本书采用插值法进行估算得到（侯贺，2011[232]；吴桐雨、吴少雄，2018[233]）。为了便于数据间的比较和运算，对 30 个指标进行标准化处理，以避免指标中出现极端值影响计算结果。

2. 描述性统计

表 4 -2 给出了各指标的描述性统计，从最大值、最小值、方差等数值来看，各指标之间相差较大，这表明区域之间用来反映企业家精神的指标存在较大差异，这也意味着区域间企业家精神发展可能存在不均衡。

表 4-2　变量的描述性统计

变量	最小值	最大值	均值	标准差
平均受教育年限	6.04	12.03	8.4313	0.9976
每百万人大学生人数	27.8	689.7	194.79	114.49
科技活动人员占总就业人员比重	0.0010	0.0152	0.0091	0.0151
R&D 人员全时当量	848	520303	72704.07	87733.23
R&D 经费支出占 GDP 比重	0.0015	0.0650	0.0128	0.0105
R&D 人员人均经费	11	6635	523.44	873.62
R&D 资本存量	3.79	4984.11	546.46	827.54
地方财政科技支出占比	0.0003	0.0829	0.0124	0.0134
地方财政教育支出占比	0.0420	0.3698	0.1734	0.0376
外商直接投资额占 GDP 比重	0.0002	0.1062	0.0219	0.0178
创业风险投资额	0	11448	220.25	816.36
研发机构 R&D 经费支出中企业资金占比	0.0002	0.3652	0.0473	0.0451
高校 R&D 经费支出中企业资金占比	0.0096	0.6989	0.2958	0.1351
总 R&D 经费内部支出中政府资金占比	0.0670	0.6358	0.2492	0.1278
企业引进技术经费与 R&D 经费的比值	0.0024	0.8781	0.1602	0.1451
企业消化吸收经费与引进技术经费的比值	0.0094	0.9333	0.4681	0.6277
规模以上工业总产值中高新技术产业产值占比	0.0020	0.3351	0.0825	0.0755
高新技术产业 R&D 人员全时当量	6	224334	12090.42	27175.45
高新技术产业 R&D 经费内部支出	38	7899489	327502	820688
高新技术产业新产品销售收入占主营业务收入比重	0.0005	0.6223	0.1951	0.1289
规模以上工业企业新产品销售收入占比	0.0038	0.4130	0.1188	0.0748
专利授权量	70	269944	19194.69	39200.20
发明专利授权量占比	0.0155	0.3995	0.1362	0.0719
商标注册数量	153	395539	24947.76	36695.84
科技论文数	9	91120	7990.36	11438.43
技术市场成交额	0.06	3453.89	118.62	332.32
新增企业数量占比	0.0005	11.05	0.1120	0.5231
非公企业投资者占总就业人员比重	0.0214	0.2069	0.0714	0.0329
非公企业就业人数占总就业人员比重	0.0398	0.8118	0.2158	0.1269
非公企业数量	4.60	741.11	133.73	110.99

二、企业家精神的测度

（一）测度方法

主成分分析法是多元统计分析中常用的一种方法，能通过降维处理技术，把原本多个复杂的相关指标变化为几个综合指标，这些综合指标剔除了相互交叉的重叠部分，彼此之间既具有独立性，又尽可能多地集中反映原有信息。对于一个复杂的研究对象来说，若考察的范围太广、指标变量太多，就会显著提升解决问题的难度。主成分分析法则利用原有指标之间的相关特征，采用尽可能少的新指标来替代原有的多指标，并能保留原有指标的大部分信息，如此可以将复杂问题简单化，更便于对研究对象的定量考察。但是传统的主成分分析只针对截面数据，没有考虑时间因素，若对每个时间截面数据进行主成分分析，由于不在同一个平面上，无法对同一样本在不同时间节点上的数据进行比较分析。全局主成分分析则是以主成分分析为基础，将不同时间点的平面数据综合成立体数据表，再运用主成分分析，这就保证了分析结果的统一性和可比性（刘根荣，2014[234]；孙畅，2016[235]）。

具体步骤如下：

（1）将面板数据整理为“立体数据表”。

若有 n 个样本，每个样本具有 p 个相同的指标变量，则原始数据表为 $B=(b_{ij})_{n\times p}$。每年有一张截面数据表，那么 T 年则有 T 张截面表，可以构成时序“立体数据表”：$B=(b_{ij})_{nT\times p}$。

（2）数据的标准化。将坐标原点移到数据中心，同时，进行标准化以消除量纲影响。

$$b'_{ij}=\frac{(b_{ij}-\bar{b}_j)}{s_j} \tag{4-2}$$

其中，$\bar{b}_j=\frac{1}{n}\sum b_{ij}$；$S_j^2=\frac{1}{n}\sum(b_{ij}-\bar{b}_j)^2$，记标准化后的数据表为 X。

（3）计算 X 矩阵的相关系数矩阵 R。

（4）求矩阵 R 的前 m 个特征值 $\lambda_1\geqslant\lambda_2\geqslant\lambda_3\geqslant\cdots\geqslant\lambda_m$，及其对应的特征向量

u_1，u_2，…，u_m，以及其标准正交，u_1，u_2，…，u_m 为主轴。

（5）确定主成分，并计算主成分及综合得分。

$$F = \frac{\lambda_1}{\lambda_1 + \lambda_2 + \cdots + \lambda_m}F_1 + \frac{\lambda_2}{\lambda_1 + \lambda_2 + \cdots + \lambda_m}F_2 + \cdots + \frac{\lambda_m}{\lambda_1 + \lambda_2 + \cdots + \lambda_m}F_m \tag{4-3}$$

（二）各评价指标权重

根据前文构建的指标体系，首先分别建立人力投入（31×15×4）、资本投入（31×15×7）、协同创新（31×15×5）、产业发展（31×15×4）、创新产出(31×15×6)、创业产出（31×15×4）一共六张立体时序数据表，采用SPSS软件进行全局主成分分析，可以得到六个方面的综合指标数据，再将得到的数据综合成一张31×15×6的立体时序数据表，继续进行全局主成分分析。

主成分个数提取原则为主成分对应的特征值大于1的前n个主成分，且累计方差贡献率大于85%，即信息保留率能达到85%以上。在某种程度上，特征值可以被看成是表示主成分影响力度大小的指标，如果特征值小于1，说明该主成分的解释力度不足，还不如直接采用原指标，因此一般采用特征值大于1的主成分。根据各主成分解释的方差与原始指标方差的比值，可以计算各主成分的权重。同时，再以主成分各特征值为系数，依据各主成分的得分进行加权计算，最终得到各地区企业家精神的综合得分。

通过上述计算过程，将得到的各指标权重进行分类，采用百分比形式表示，特征值及方差贡献率如表4－3所示，各指标权重如表4－4所示。从准则层指标的权重来看，企业家精神各维度所占比重从大到小依次排列为：协同创新（0.196）、创新产出（0.194）、资本投入（0.193）、产业发展（0.182）、人力投入（0.178）、创业产出（0.140）。这表明区域创新方面的投入产出贡献程度较高，是企业家精神的主要组成部分。创业产出的贡献比重相对较低，可能是由于目前制度、产权保护、资源禀赋等诸多条件的限制，创业意愿受到较大程度的约束，又存在创业成功率过低的问题，都制约了企业家精神的发展。

表 4-3　特征值及方差贡献率

准则层指标	主成分	特征值	方差贡献率（%）	累计方差贡献率（%）
人力投入	1	2.748	68.69	68.69
	2	1.013	25.33	94.02
资本投入	1	3.997	57.09	57.09
	2	1.909	27.27	84.36
协同创新	1	2.725	54.51	54.51
	2	1.605	32.09	86.60
产业发展	1	2.347	58.68	58.68
	2	1.025	25.61	84.29
创新产出	1	3.001	50.02	50.02
	2	2.292	38.19	88.21
创业产出	1	2.127	53.17	53.17
	2	1.215	30.37	83.54
综合指标	1	4.018	66.97	66.97
	2	1.037	17.29	84.26

表 4-4　各指标权重

准则层指标	基础指标系数			基础指标权重	准则层指标权重
		1	2		
人力投入	X_1	0.303	0.493	0.354	0.178
	X_2	0.296	0.529	0.359	
	X_3	0.305	-0.496	0.089	
	X_4	0.303	-0.509	0.084	
资本投入	X_5	0.222	0.010	0.153	0.193
	X_6	0.240	0.023	0.170	
	X_7	0.214	0.164	0.198	
	X_8	0.217	0.047	0.162	
	X_9	-0.041	0.711	0.202	
	X_{10}	0.101	-0.552	-0.110	
	X_{11}	0.196	0.162	0.185	
协同创新	X_{12}	0.198	-0.580	-0.090	0.196
	X_{13}	0.419	0.009	0.267	

续表

准则层指标	基础指标系数			基础指标权重	准则层指标权重
		1	2		
协同创新	X_{14}	-0.157	0.575	0.114	0.196
	X_{15}	0.489	0.252	0.401	
	X_{16}	-0.480	-0.170	-0.365	
产业发展	X_{17}	0.273	0.462	0.330	0.182
	X_{18}	0.393	-0.348	0.168	
	X_{19}	0.393	-0.351	0.167	
	X_{20}	0.206	0.720	0.362	
创新产出	X_{21}	0.157	-0.184	0.009	0.194
	X_{22}	0.249	-0.334	0.003	
	X_{23}	0.104	0.577	0.309	
	X_{24}	0.258	-0.312	0.011	
	X_{25}	0.309	0.175	0.251	
	X_{26}	0.271	0.290	0.279	
创业产出	X_{27}	0.013	0.399	0.153	0.140
	X_{28}	0.446	0.009	0.287	
	X_{29}	0.453	-0.018	0.282	
	X_{30}	0.256	-0.036	0.150	

（三）综合得分与排名分析

为了便于后续的数据处理和回归计算，借鉴杜思正等（2016）[236]的方法，对数据进行转换，得到式（4-4）：

$$F=\frac{F_i-F_{min}}{F_{max}-F_{min}} \tag{4-4}$$

其中，F_i 为各地区企业家精神的综合得分，F_{max} 为综合得分的最大值，F_{min} 为综合得分的最小值。

表 4-5 综合得分与排名

省份	2001 年		2005 年		2010 年		2015 年	
	得分	排名	得分	排名	得分	排名	得分	排名
北京	0.311	1	0.492	1	0.673	1	1.000	1
天津	0.249	3	0.330	3	0.315	5	0.395	6
河北	0.116	15	0.091	27	0.129	24	0.210	19
山西	0.109	17	0.129	15	0.143	20	0.204	21
内蒙古	0.114	16	0.096	26	0.118	26	0.164	26
辽宁	0.156	8	0.207	7	0.235	8	0.298	11
吉林	0.121	13	0.151	13	0.183	14	0.255	15
黑龙江	0.140	10	0.167	10	0.190	13	0.208	20
上海	0.256	2	0.380	2	0.476	2	0.614	4
江苏	0.180	5	0.240	5	0.407	4	0.647	3
浙江	0.153	9	0.198	8	0.312	6	0.571	5
安徽	0.091	21	0.125	17	0.143	20	0.274	14
福建	0.119	14	0.151	13	0.203	11	0.292	12
江西	0.097	20	0.121	18	0.156	17	0.204	21
山东	0.123	12	0.159	11	0.247	7	0.394	7
河南	0.098	19	0.116	21	0.140	23	0.245	17
湖北	0.135	11	0.157	12	0.226	10	0.375	8
湖南	0.091	21	0.121	18	0.160	16	0.248	16
广东	0.158	7	0.247	4	0.464	3	0.767	2
广西	0.075	24	0.117	20	0.100	29	0.176	24
海南	0.074	25	0.081	29	0.153	18	0.188	23
重庆	0.079	23	0.127	16	0.182	15	0.302	10
四川	0.160	6	0.179	9	0.192	12	0.286	13
贵州	0.070	26	0.081	29	0.104	28	0.147	28
云南	0.069	27	0.106	23	0.141	22	0.091	30
西藏	0.032	31	0.071	31	0.065	31	0.087	31

续表

省份	2001 年		2005 年		2010 年		2015 年	
	得分	排名	得分	排名	得分	排名	得分	排名
陕西	0.188	4	0.217	6	0.235	8	0.315	9
甘肃	0.100	18	0.110	22	0.127	25	0.152	27
青海	0.044	30	0.086	28	0.071	30	0.103	29
宁夏	0.046	29	0.105	24	0.149	19	0.221	18
新疆	0.062	28	0.102	25	0.106	27	0.168	25
均值	0.123	—	0.163	—	0.211	—	0.310	—

2001～2015 年，中国省域企业家精神的综合得分与排名如表 4－5 所示。从平均值来看，中国企业家精神的发展水平总体上呈现上升趋势，而且上升幅度较大，从 2001 年的 0.123 上升到 2015 年的 0.310，年均增长 6.78%。分省来看，各省的企业家精神均有不同程度的提升，其中广东增长速度最快，年均增长 11.86%；黑龙江增长速度最慢，年均增长 2.82%。从企业家精神的综合排名来看，各省基本上保持稳定，但也有一些省份排名次序变化较大。例如，重庆的排名上升了 13 位，上升幅度最大，其次是宁夏，上升了 11 位。内蒙古和黑龙江的排名下降幅度最大，皆下降了 11 位。结果还显示，东部省份的企业家精神排名整体处于优势地位，北京、天津、上海、江苏、浙江、广东等省份的排名一直位于前 10 名以内。中西部省份中只有陕西始终位列前 10，而贵州、云南、西藏、青海、新疆等省的排名始终位于后 10 位以内。从 2015 年综合评价结果来看，企业家精神强的地区主要集中于长三角、京津冀、珠三角等东部沿海省份，企业家精神弱的地区主要集中于西部地区，而且从提升速度来看，东部最快，中部次之，东北部最慢。这可能原因是东部地区经济实力雄厚，市场自由度高，高等院校云集，科技创新资源集中，企业创新的意愿较强，民众创业氛围较浓，尤其是北京、上海、江苏、浙江、广东等省份的科技创新资源都位居全国前列，为企业家精神的发展提供了足够的智力支撑。近年来，东北地区经济持续低迷，面临着诸多问题，如市场化程度不高、重工业比重偏高、人才流失、企业创新能力弱、资源枯竭等，这些因素都造成东北地区的企业家精神发展趋缓。中部地区在着重推进能源原材料基地、现代装备制造、高新技术产业基地以及综合交通运输枢纽等战略过程中，促进了企业家精神的发展。西部地区基础条件薄弱，除了陕西、四川

两省，其他省份的创新资源都远不如东部，再由于地理位置、自然条件、市场环境、行政效率、产权保护等诸多因素的限制，西部地区企业家精神发展严重滞后。

三、空间分布特征

（一）企业家精神空间分布特征

将企业家精神数值由小到大分成四个等级，第一等级最弱，第四等级最强。可以发现：①总体上看，中国省域企业家精神的等级特征显著，第三、四等级即企业家精神较强和最强地区间差异较大，第一、二等级即企业家精神最弱和较弱地区间差异较小，整体上形成了以长三角、珠三角和京津冀为核心的“中心—边缘”空间分布模式，且分布特征在时间趋势上基本保持不变。②分地区来看，企业家精神最强的地区具有从西部向东部转移的趋势。如2001年，北京、天津、江苏、上海、四川、陕西位于第四等级，在企业家精神最强的省份中，西部占据两位；2005年，广东取代了四川，进入了第四等级，其他省份保持不变；2010年，浙江又取代了陕西，进入第四等级，此时西部省份在第四等级中彻底消失，企业家精神向东部沿海省份转移趋势更加显著；2015年，企业家精神最强的省份与2010年保持一致。由此可见，除去陕西、四川以外，第四等级中的其他省份都位于东部经济发达地区，这反映东部省份的企业家精神整体上要强于中、西部地区，这与前文的结论一致。③企业家精神最弱的省份主要集中于西部地区。如2001年，新疆、青海、西藏、云南、贵州、宁夏位于第一等级，皆为西部省份；2005年，河北和内蒙古取代了云南和宁夏，进入第一等级，其中出现了东部省份的身影；2010年，内蒙古、新疆、青海、西藏、甘肃、贵州、广西位于第一等级；2015年，云南又取代了广西，进入第一等级，其他省份保持不变。从上述等级特征来看，西部地区国土面积虽大，但企业家精神却相对较弱，发展严重不足。④在企业家精神最强的第四等级省份周围，又聚集了多个企业家精神较弱的第二等级省份和较强的第三等级省份，虽然部分省份在第二等级和第三等级之间发生转换，但总体上呈现出等级固化的特征。

（二）分维度指标空间分布特征

为了更为全面地描述企业家精神的空间分布特征，本书还将利用ESDA方法对构成企业家精神的各分维度指标进行空间统计分析。

1. 人力投入

将人力投入数值由小到大分成四个等级，第一等级最弱，第四等级最强。从时间趋势来看，人力投入的省域分级特征基本保持不变。在 2005 年，北京、天津、辽宁、江苏、上海、广东 6 个省份位于第四等级，人力投入水平最高。而到了 2015 年，浙江取代了辽宁，进入了第四等级，人力投入向东部沿海省份集中趋势进一步加强。同样，在这些第四等级的省份周围，又聚集了多个第二、三等级的省份，而第一等级的省份主要集中于贵州、云南、西藏、甘肃、青海、宁夏等西部地区，人力投入水平相对较低。除辽宁外，第四等级中的其他省份都位于东部经济发达地区。可见东部省份的人力投入水平要强于其他地区。从 2001 ~ 2015 年人力投入时空分布演化特征来看，等级特征明显，各等级变化较小，具有固化趋势，反映人力投入水平提升的难度较大。

2. 资本投入

将资本投入数值由小到大分成四个等级，第一等级最弱，第四等级最强。在 2005 年，北京、天津、江苏、上海、广东、陕西 6 个省份位于第四等级，资本投入水平最高，但第三等级的省份分布比较分散，如东北的黑龙江、辽宁，以及西部的四川。到 2015 年，浙江取代了陕西，进入了第四等级，并且第三等级省份也逐渐向东部沿海省份集中，整体来看，第二、三等级的省份还是聚集在第四等级省份的周围。第一等级的省份主要集中于内蒙古、宁夏、新疆、西藏、青海、云南等西部地区，整体上资本投入水平较低。除去陕西以外，第四等级中的其他省份都位于东部经济发达地区，东部省份整体上的资本投入强度要高于其他地区。从 2001 ~ 2015 年资本投入时空分布演化特征来看，等级特征明显，各等级变化较小，具有固化趋势，反映资本投入强度的提升难度较大。

3. 协同创新

将协同创新数值由小到大分成四个等级，第一等级最弱，第四等级最强。在 2005 年，黑龙江、吉林、北京、上海、陕西、四川等省份位于第四等级，协同创新水平最高，第一等级的省份则主要集中于山西、湖南、广西、贵州等西南地区，协同创新水平较低。但到了 2015 年，这一形势发生改变，北京、江苏、浙江、陕西、甘肃、湖北、四川、宁夏等省份位于第四等级，进一步由边缘地区向中西部核心区移动，第三等级的省份并未聚集在第四等级的省份周围，而是呈发散分布。从 2001 ~ 2015 年协同创新时空分布演化特征来看，等级特征明显，且各等级之间转换程度剧烈，高协同创新区域由沿海地区向内陆中心移动。

4. 产业发展

将产业发展数值由小到大分成四个等级，第一等级最弱，第四等级最强。在2005年，北京、天津、上海、福建、广东、四川等省份位于第四等级，产业发展水平最高，第三等级的省份分布比较分散，如东北的黑龙江、辽宁，以及西部的新疆、陕西、重庆等省份。到了2015年，北京、天津、江苏、上海、浙江进入了第四等级，并且第三等级省份也逐渐由东部沿海省份向中部地区集中，且呈现出连片分布特征。第一等级的省份主要集中于内蒙古、西藏、青海、云南、山西等中西部地区，整体上产业发展水平较低。除去四川以外，第四等级中的其他省份都位于东部经济发达地区。可见，东部省份的产业发展水平要高于中、西部地区。从2001～2015年产业发展时空分布演化特征来看，等级特征明显，第一和第四等级变化不大，第二和第三等级转换剧烈。

5. 创新产出

将创新产出数值由小到大分成四个等级，第一等级最弱，第四等级最强。在2005年，北京、天津、江苏、上海、陕西、湖北等省份位于第四等级，创新产出水平最高，第三等级的省份主要分布于第四等级省份的周围。到了2015年，浙江、广东取代了天津和陕西，与北京、江苏、上海、湖北一起进入了第四等级，且第三等级省份也聚集在其周围。第一等级的省份主要集中于内蒙古、新疆、西藏、青海等西部省份，河北、河南、贵州、江西等省份也在个别年份中出现在第一等级，从整体上看创新产出水平较低。除去陕西和湖北以外，第四等级中的其他省份都位于东部经济发达地区。可见东部省份的创新产出水平要高于其他地区。从2001～2015年创新产出时空分布演化特征来看，等级特征明显，各等级都发生不同程度的变化。

6. 创业产出

将创业产出数值由小到大分成四个等级，第一等级最弱，第四等级最强。在2005年，北京、辽宁、江苏、上海、浙江、广东等省份位于第四等级，创业产出水平最高，第三等级的省份主要分布于东北地区和陕西、湖北等省。到了2015年，重庆取代了辽宁，与北京、江苏、上海、浙江、广东一起进入了第四等级，并且第三等级省份分布更为分散。第一等级的省份主要集中于新疆、西藏、甘肃、青海、广西等西部省份，山西、河南、安徽等省份也在个别年份中出现在第一等级，凸显其创业产出水平较低。除重庆外，第四等级中的其他省份都位于东部经济发达地区，东部省份的创业产出水平要显著高于其他地区。从 2001 ~2015 年创业产出时空分布演化特征来看，等级特征明显，只有重庆等个别省份变化较大，其他等级具有固化的趋势。

四、空间相关性分析

（一）探索性空间数据分析方法

1. 全局空间自相关性分析

根据地理学第一定律，不同经济活动在地理空间位置上存在相关性。因此，本书采用探索性空间数据分析方法（ESDA）中的全局相关性指数，来检验变量在地理空间上的相关性，全局相关性指数能有效描述变量在地理空间上的时空演变特征。可以采用 Moran's I 指数来表示，计算方法如式（4 -5）所示：

$$I = \frac{\sum_{i=1}^{n}\sum_{j=1}^{n} W_{ij}(A_i - \bar{A})(A_j - \bar{A})}{S^2 \sum_{i=1}^{n}\sum_{j=1}^{n} W_{ij}} \tag{4-5}$$

其中，$S^2 = \frac{1}{n}\sum_{i=1}^{n}(A_i - \bar{A})^2$，$\bar{A} = \frac{1}{n}\sum_{i=1}^{n} A_i$，$A_i$ 表示地区 i 的观测值，n 表示地区总数，W 表示空间权重矩阵。I 表示 Moran's I 指数，反映地区之间企业家精神的关联程度，且介于 [-1, 1]，当 I 值大于 0 时，表示正空间相关性；当 I 值小于 0 时，表示负空间相关性；当值为 0 时，表示不具有空间相关性。空间权重矩阵 W 构造如下：

$$W_{ij} = \begin{cases} 1 & i \text{ 与 } j \text{ 相邻} \\ 0 & i = j \text{ 或 } i \text{ 与 } j \text{ 不相邻} \end{cases} \tag{4-6}$$

根据计算的 Moran's I 值，利用正态分布检验来判断变量在地区之间是否具有空间自相关，统计量 Z 的计算公式如下：

$$Z(I) = \frac{I - E(I)}{\sqrt{Var(I)}} \tag{4-7}$$

其中，$E(I)$ 为数学期望值，$Var(I)$ 为方差。当 $Z>0$ 且显著时，表明存在正的空间相关性，即意味着观测值呈现高—高集聚或低—低集聚，当 $Z<0$ 且

显著时，表明存在负的空间相关性，即意味着观测值呈现高—低集聚或者低—高集聚。

2. 局部空间自相关性分析

全局空间自相关假设空间是一致的，反映的是整个区域内变量的相关性情况。但由于地理位置的差异性，变量的空间分布模式可能存在局部的“非典型”特征，甚至会出现与全局截然相反的特征，采用全局自相关性指标是无法体现这一点的。故而，通常采用局部空间自相关分析来刻画空间变量的局部集聚特征，该方法能够揭示局部区域的异质性，反映变量在局部地区是否具有集聚特征，采用空间关联局域指标（LISA）来衡量，该指标由局部 Moran's Ⅰ指数来表示，计算方式如下：

$$I_i = \frac{(A_i - \bar{A})}{S^2} \sum_{j=1}^{n} W_{ij}(A_i - \bar{A}) \tag{4-8}$$

其中，是局部 Moran's Ⅰ指数，表示地区与周边区域的相关性，其他指标含义与全局 Moran's Ⅰ指数计算中相同。当 I_i 大于 0 时，表示地区 i 的观测值分布与周边地区正相关，即呈现出高—高集聚或者低—低集聚；当 I_i 小于 0 时，表示地区 i 的观测值分布与周边地区负相关，即呈现出高—低集聚或者低—高集聚。

LISA 集聚图则是对观测值的集聚特征进行可视化描述，并采用不同颜色来表示高—高集聚、高—低集聚、低—低集聚和低—高集聚。观测值集聚特征不显著的将不在地图上标示，是用来描述集聚特征的常用方法。

（二）企业家精神空间相关性分析

2001～2015 年中国省域企业家精神全局 Moran's Ⅰ值如表 4－6 所示。从表中可以看出，Moran's Ⅰ值均大于 0，且在 1% 的水平下通过显著性检验，拒绝不具有空间相关性的零假设。这表明企业家精神的空间分布并非随机，而是存在显著的正向空间相关性，即企业家精神呈现高—高集聚或低—低集聚的空间分布特征。其中，2001 年的 Moran's Ⅰ值为 0.33558，2015 年的 Moran's Ⅰ值为 0.45277，由此可见，企业家精神在 2015 年的空间相关性比 2001 年显著增强，这表明越来越多的企业家精神强度接近的省份具有空间集聚的趋势。从 Moran's Ⅰ值的变化趋势来看，2001～2005 年，呈现下降趋势，而在 2006～2015 年，呈现上升趋势。整体来看，企业家精神的空间相关性基本保持稳定。

表 4-6　2001~2015 年企业家精神全局 Moran's Ⅰ值

年份	Moran's Ⅰ	Z-score	P-value
2001	0. 33558	4. 47	0. 000
2002	0. 32633	4. 42	0. 000
2003	0. 31696	4. 33	0. 000
2004	0. 32478	4. 37	0. 000
2005	0. 29859	4. 29	0. 000
2006	0. 35937	4. 57	0. 000
2007	0. 38083	4. 72	0. 000
2008	0. 38321	4. 73	0. 000
2009	0. 37746	4. 59	0. 000
2010	0. 40718	4. 89	0. 000
2011	0. 41129	4. 90	0. 000
2012	0. 43831	5. 12	0. 000
2013	0. 46145	5. 19	0. 000
2014	0. 41892	4. 93	0. 000
2015	0. 45277	5. 15	0. 000

根据计算得到的局部 Moran's Ⅰ指数值可以发现，企业家精神的空间分布存在显著的集聚特征。从时间趋势来看，集聚特征基本保持不变，主要呈现四种：高—高型、低—低型、高—低型、低—高型。其中，2001 年与 2005 年集聚特征相同，属于高—高类型的省份有天津，该类型地区及周边地区企业家精神较强，主要是因为与天津相邻的地区为北京，同为企业家精神高分布地区；属于低—低类型省份的有新疆，该类型地区及周边地区的企业家精神都较弱；属于高—低类型的则有四川，该类型地区的企业家精神高于周边地区；属于低—高类型的则有河北，该类型地区的企业家精神低于周边地区。2010 年与 2015 年集聚特征相同，但都缺少了低—高类型，其中，属于高—高类型的依然为天津，属于低—低类型的有新疆和云南，属于高—低类型的则有四川和陕西。整体来看，企业家精神强的省份在东部地区集聚，企业家精神弱的省份在西部地区集聚，其中四川、陕西两省的企业家精神较为突出。

（三）分维度指标空间相关性分析

1. 人力投入

2001～2015 年人力投入全局 Moran's Ⅰ值如表4－7 所示。从表中可以看出，Moran's Ⅰ值均大于0，且在1%的水平下通过显著性检验。这表明人力投入的空间分布并非随机，而是存在显著的正向空间相关性，即人力投入强度呈现高—高集聚或低—低集聚的空间分布特征。其中，2001 年的 Moran's Ⅰ值为0.35996，2015 年的 Moran's Ⅰ值为0.52698，空间相关性有所增强，即表明越来越多人力投入强度接近的省份具有空间集聚的趋势。从 Moran's Ⅰ值的变化趋势来看，呈现不断上升趋势。整体来看，人力投入的空间相关性基本保持稳定。

根据计算得到的人力投入的局部 Moran's Ⅰ指数值可以发现，2005 年人力投入分布呈现三种集聚类型，即高—高型、低—低型、低—高型，没有形成高—低型，而2015 年则只有高—高型和低—低型。属于高—高类型的省份有天津、上海，为热点区域，该类型地区及周边地区人力投入强度较高，低—低类型省份的有乌鲁木齐、西藏、青海、四川、云南、甘肃和贵州，呈连片分布特征，该类型地区及周边地区的人力投入强度都较低；属于低—高类型的有河北，表明该地区的人力投入强度低于周边地区。

表4－7 2001～2015 年人力投入全局 Moran's Ⅰ值

年份	Moran's Ⅰ	Z-score	P-value
2001	0.35996	4.54	0.000
2002	0.34693	4.47	0.000
2003	0.38301	4.85	0.000
2004	0.38817	4.86	0.000
2005	0.39158	5.03	0.000
2006	0.38883	4.99	0.000
2007	0.40162	5.11	0.000
2008	0.43634	5.17	0.000
2009	0.45709	5.38	0.000
2010	0.46262	5.42	0.000
2011	0.49229	5.44	0.000
2012	0.49504	5.47	0.000

续表

年份	Moran's I	Z-score	P-value
2013	0.50013	5.51	0.000
2014	0.51165	5.72	0.000
2015	0.52698	6.05	0.000

2. 资本投入

2001～2015 年资本投入全局 Moran's I 值如表 4－8 所示。从表中可以看出，Moran's I 值均大于 0，但在 2001～2003 年，Moran's I 值不显著，表明资本投入不存在明显的空间相关性，相邻省份资本投入表现为随机分布。2004 年、2005 年分别在 10% 和 5% 的水平下通过显著性检验，2006～2015 年在 1% 的水平下通过显著性检验，表明资本投入存在显著的正向空间相关性，即人力投入呈现高—高集聚或低—低集聚的空间分布特征。从 Moran's I 值的变化趋势来看，呈现不断上升趋势，意味着资本投入的空间相关性不断增强。

根据计算得到资本投入的局部 Moran's I 指数值可以发现，2005 年资本投入分布呈现三种集聚类型，即高—高型、低—低型、高—低型，没有形成低—高型，而 2015 年则只有高—高型和低—低型。属于高—高类型的省份只有天津，为热点区域，该类型地区及周边地区资本投入强度较高，低—低类型省份在 2005 年只有青海和西藏，但到 2015 年时，增加了内蒙古、新疆、甘肃、四川、云南，整个西部呈连片分布特征，该类型地区及周边地区的资本投入强度都较低；属于高—低类型的有陕西，表明该地区的资本投入强度高于周边地区。

表 4－8　2001～2015 年资本投入全局 Moran's I 值

年份	Moran's I	Z-score	P-value
2001	0.13069	1.49	0.145
2002	0.14219	1.61	0.117
2003	0.12603	1.49	0.147
2004	0.16057	1.88	0.069
2005	0.18547	2.22	0.034
2006	0.23418	2.82	0.008
2007	0.29632	3.58	0.001
2008	0.35427	4.34	0.000

续表

年份	Moran's I	Z-score	P-value
2009	0.34797	4.07	0.000
2010	0.31632	3.78	0.001
2011	0.37571	4.47	0.000
2012	0.41865	4.89	0.000
2013	0.43726	5.18	0.000
2014	0.40603	4.58	0.000
2015	0.39704	4.54	0.000

3. 协同创新

2001～2015 年协同创新全局 Moran's Ⅰ值如表 4－9 所示。从表中可以看出，2008 年和 2011 年的 Moran's Ⅰ值小于 0，而其他年份的 Moran's Ⅰ值均大于 0。但是，只有 2003 年的 Moran's Ⅰ值在 5% 的水平下通过显著性检验，其他年份的 Moran's Ⅰ值均不显著，这表明协同创新不存在明显的空间相关性，相邻省份的协同创新表现为随机分布，意味着总的指标在空间上无法体现协同创新的集聚与分散特征。

根据计算得到的协同创新的局部 Moran's Ⅰ指数值可以发现，2005 年和 2015 年协同创新分布都只呈现两种集聚类型，即高—高型、低—低型，没有形成低—高型和高—低型。属于高—高类型的省份有天津、辽宁，为热点区域，该类型地区及周边地区协同创新水平较高，低—低类型省份为新疆；其他地区均不显著。从中可以发现，全国协同创新水平的集聚效应并不显著，可能是由于地区之间的政策壁垒、协同创新机制不健全、协同创新水平低等因素的制约，使得协同创新水平高的地区难以起到带动引领作用。

表 4－9　2001～2015 年协同创新全局 Moran's Ⅰ值

年份	Moran's I	Z-score	P-value
2001	0.07702	1.39	0.183
2002	0.08371	1.61	0.120
2003	0.15529	2.17	0.039
2004	0.07215	1.34	0.191

续表

年份	Moran's Ⅰ	Z-score	P-value
2005	0. 12061	1. 41	0. 167
2006	0. 08663	1. 42	0. 165
2007	0. 02276	0. 38	0. 708
2008	-0. 04176	-0. 72	0. 474
2009	0. 03008	0. 41	0. 756
2010	0. 07364	0. 97	0. 265
2011	-0. 00889	-0. 12	0. 878
2012	0. 08394	1. 25	0. 221
2013	0. 08023	1. 24	0. 224
2014	0. 07329	1. 14	0. 261
2015	0. 04878	0. 73	0. 437

4. 产业发展

2001~2015 年产业发展全局 Moran's Ⅰ值如表 4-10 所示。从表中可以看出，Moran's Ⅰ值均大于0，且在1%的水平下通过显著性检验。这表明产业发展的空间分布并非随机，而是存在显著的正向空间相关性，即呈现高—高集聚或低—低集聚的空间分布特征。其中，2001 年的 Moran's Ⅰ值为0. 32689，2015 年的 Moran's Ⅰ值为0. 67075，增长幅度较大，表明产业发展的空间相关性显著增强。从 Moran's Ⅰ值的变化趋势来看，呈现不断上升趋势。

根据计算得到的产业发展的局部 Moran's Ⅰ指数值可以发现，2005 年产业发展分布呈现三种集聚类型，即高—高型、低—低型、高—低型，没有形成低—高型，而 2015 年则只有高—高型和低—低型。属于高—高类型的省份只有广东，为热点区域，该类型地区及周边地区产业发展水平较高，低—低类型省份有内蒙古、辽宁、黑龙江、新疆、西藏，呈连片分布特征，该类型地区及周边地区的产业发展水平都较低，这些省份要么是产业发展落后地区，要么是老工业基地，国有企业比重较高，企业转型升级困难；属于高—低类型的有四川和黑龙江，表明该地区的产业发展水平高于周边地区。

表 4-10　2001~2015 年产业发展全局 Moran's Ⅰ值

年份	Moran's Ⅰ	Z-score	P-value
2001	0.32689	4.06	0.000
2002	0.29048	3.33	0.003
2003	0.26143	2.78	0.008
2004	0.41027	4.78	0.000
2005	0.39049	4.28	0.000
2006	0.42754	4.89	0.000
2007	0.45564	5.14	0.000
2008	0.52536	6.07	0.000
2009	0.58157	6.72	0.000
2010	0.61338	7.22	0.000
2011	0.63749	7.47	0.000
2012	0.69271	8.03	0.000
2013	0.62433	7.36	0.000
2014	0.66501	7.71	0.000
2015	0.67075	7.76	0.000

5. 创新产出

2001~2015 年创新产出全局 Moran's Ⅰ值如表 4-11 所示。从表中可以看出，2004 年的 Moran's Ⅰ值小于 0 但不显著，而其他年份的 Moran's Ⅰ值均大于 0。但是，只有 2008~2010 年以及 2015 年的 Moran's Ⅰ值通过显著性检验，其他年份的 Moran's Ⅰ值均不显著，这表明创新产出在 2008~2010 年以及 2015 年存在明显的正向空间相关性，而在其他年份彼此相邻省份的创新产出表现为随机分布。

根据计算得到的创新产出的局部 Moran's Ⅰ指数值可以发现，2005 年创新产出分布只呈现低—低型一种集聚类型，2015 年则形成三种类型，即高—高型、低—低型和高—低型。属于高—高类型的省份有天津，为热点区域，该类型地区及周边地区创新产出水平较高，低—低类型省份则有新疆、青海、甘肃、云南，该类型地区及周边地区的创新产出水平都较低；属于高—低类型的有陕西，表明该地区的创新产出水平要高于周边地区。

表 4－11　2001～2015 年创新产出全局 Moran's Ⅰ值

年份	Moran's Ⅰ	Z-score	P-value
2001	0.05048	0.63	0.533
2002	0.02892	0.36	0.715
2003	0.00633	0.07	0.939
2004	－0.00694	－0.09	0.926
2005	0.11982	1.64	0.111
2006	0.08534	1.14	0.262
2007	0.13042	1.59	0.121
2008	0.16557	1.84	0.075
2009	0.17439	2.01	0.053
2010	0.17223	1.83	0.076
2011	0.14244	1.52	0.138
2012	0.13867	1.49	0.147
2013	0.14366	1.51	0.141
2014	0.15065	1.58	0.124
2015	0.21658	2.16	0.038

6. 创业产出

2001～2015 年创业产出全局 Moran's Ⅰ值如表 4－12 所示。从表中可以看出，Moran's Ⅰ值均大于 0，且在 1% 的水平下通过显著性检验。这表明创业产出的空间分布并非随机，而是存在显著的正向空间相关性，即呈现高—高集聚或低—低集聚的空间分布特征。其中，2001 年的 Moran's Ⅰ值为 0.36799，2015 年的 Moran's Ⅰ值为 0.35712，略有下降，表明创业产出的空间相关性基本保持稳定。从变化趋势来看，Moran's Ⅰ值以较小的幅度上下波动。

根据计算得到的创业产出的局部 Moran's Ⅰ指数值可以发现，2005 年创业产出分布呈现两种集聚类型，即高—高型、低—低型，而 2015 年则增加了低—高型。属于高—高类型的省份有江苏和上海，为热点区域，该类型地区及周边地区创业产出水平较高，低—低类型省份在 2005 年有陕西、四川、云南、贵州，呈连片分布，但到2015年时，转移到新疆、青海、云南，该类型地区及周边地区的创业产出水平都较低；属于低—高类型的有福建，表明该地区的创业产出水平低于周边地区。

表4-12 2001~2015年创业产出全局Moran's I值

年份	Moran's I	Z-score	P-value
2001	0.36799	3.81	0.000
2002	0.28939	3.17	0.003
2003	0.26254	3.04	0.004
2004	0.31406	3.96	0.000
2005	0.33265	4.24	0.000
2006	0.37249	4.75	0.000
2007	0.40132	4.89	0.000
2008	0.40471	4.91	0.000
2009	0.41373	5.22	0.000
2010	0.40007	5.01	0.000
2011	0.41252	4.87	0.000
2012	0.38977	4.48	0.000
2013	0.37643	4.27	0.000
2014	0.35931	3.58	0.001
2015	0.35712	3.47	0.002

五、本章小结

本章首先在现有研究的基础上，立足中国国情和区域特征，从人力投入、资本投入、协同创新、产业发展、创新产出、创业产出六个方面，构建企业家精神的评价指标体系；其次，采用全局主成分分析法对指标体系中各变量进行分析、归纳和总结，得出中国省域企业家精神总指标及分维度指标的得分、排名及其演变情况；最后，利用探索性空间数据分析方法（ESDA）分析了企业家精神及其分维度指标的空间分布特征和空间相关性。得到如下结论：

第一，2001～2015 年，中国省域企业家精神的发展水平总体上呈现上升趋势，综合得分从2001 年的0.123，上升到2015 年的0.310，增长幅度较大。分省来看，各省的企业家精神均有不同程度的提升，其中广东增长速度最快，黑龙江增长速度最慢。从企业家精神的综合排名来看，各省份基本上保持稳定，但也有一些省份排名次序变化较大，如重庆的排名上升幅度最大，内蒙古和黑龙江的排名下降幅度最大。东部省份的企业家精神排名整体处于优势地位，北京、天津、上海、江苏、浙江、广东等省份的排名一直位于前 10 名以内。中西部省份中只有陕西始终位列前 10，而贵州、云南、西藏、青海、新疆等省的排名始终位于后 10 位以内。从 2015 年综合评价结果来看，企业家精神强的地区主要集中于长三角、京津冀、珠三角等东部沿海省份，企业家精神弱的地区主要集中于西部地区，而且从提升速度来看，东部最快，中部次之，东北部最慢。

第二，2001～2015 年，中国省域企业家精神空间分布的等级特征显著，第三、四等级即企业家精神较强和最强地区差异较大，第一、二等级即企业家精神最弱和较弱地区间差异较小。企业家精神省域分级特征基本保持不变，企业家精神向东部沿海省份集中趋势更加显著。第二、三等级的省份大多聚集在第四等级的省份周围，第一等级的省份主要集中于新疆、青海、西藏、甘肃、宁夏等西部地区，国土面积虽大，但企业家精神却相对较弱。除去陕西以外，第四等级中的其他省份都位于东部经济发达地区。从企业家精神时空分布演化特征可以看出，整体上形成了以长三角、珠三角和京津冀为核心的“中心—外围”空间分布模式。从其他分维度指标来看，空间分布的等级特征明显，人力投入、资本投入、创业产出等级变化较小，具有固化趋势；协同创新、产业发展、创新产出等级转换较为剧烈，尤其是在第二和第三等级。

第三，2001～2015 年，中国省域企业家精神存在显著的正向空间相关性，即企业家精神呈现高—高集聚或低—低集聚的空间分布特征。从 Moran's I 值的变化趋势来看，企业家精神的空间相关性基本保持稳定，且随着时间的推移，越来越多的企业家精神强度接近的省份具有空间集聚的趋势。从其他分维度指标来看，人力投入、产业发展、创业产出均存在显著的正向空间相关性，且基本保持稳定；资本投入、协同创新、创新产出只在部分年份呈现正向的空间相关性，随机性较大。

第四，中国省域企业家精神的空间分布呈现四种集聚类型：高—高、低—

低、低—高、高—低。其中，高—高集聚类型基本保持稳定，主要省份为天津，该类型地区及周边地区企业家精神较强；属于低—低类型的有新疆和云南，该类型地区及周边地区的企业家精神都较弱，皆分布于西部地区；属于低—高类型的有河北，该类型地区的企业家精神低于周边地区；属于高—低类型的则有四川和陕西，该类型地区的企业家精神高于周边地区。随着时间的推移，聚集情况发生一定程度的变化，某种力量正在改变企业家精神的空间分布结构。从其他分维度指标来看，均在京津冀、长三角或者珠三角地区呈现高—高集聚特性，在新疆、西藏、青海等西部地区呈现低—低集聚特性。

第五章　企业家精神的空间溢出效应

根据前文的空间相关性检验，企业家精神在区域之间存在正向的空间相关性，某个地区的企业家精神不仅受到特定地理位置的影响，还受到其他地区企业家精神的影响，即企业家精神存在空间溢出效应，溢出效应的大小与方向如何，还需进一步检验。因此，本章将从新经济地理学的角度阐述企业家精神的外部性和溢出效应，并采用空间计量模型对此进行实证检验，同时还从经济环境、政治环境、法治水平、人口特征、基础设施等方面探讨影响企业家精神的关键因素。

一、企业家精神的外部性与空间溢出效应

（一）外部性与溢出效应

关于外部性的定义，Marshall 在《经济学原理》中有过很重要的阐述，认为经济外部性是指在整个产业发展过程中，不需要企业付出更多的额外成本，就可以享受到更多的收益。Varian 在《微观经济学》一书中认为，若一个经济体的经济活动对另外一个经济体的影响，不是通过作用于商品价格产生，而是通过作用于其生存环境产生时，就存在外部性。North 从成本、收益的角度来诠释外部性，他认为若一个经济体中的个人成本与社会成本不相等，个人收益与社会收益不相等，那么该经济体就存在外部性。Meade 则认为，当个人并未参与某项经济活动，却从中获得收益或遭受损失，这就存在外部性。尽管上述众多学者对外部性的定义有所不同，但基本都隐含了外部性的共同特征，即经济主体的行为活动会对第三方经济主体产生间接影响，并在成本或收益方面出现溢出现象。

从新经济地理学的角度来诠释外部性，主要存在两种机制：其一是资金外部性，是指由于产业之间存在前向和后向关联，价格机制发挥重要作用，企业运营成本得到降低，也意味着凭借市场交换机制，企业获取更多的额外收益。根据空间经济学的观点，为了发挥内部规模经济及节省运输成本，企业通常会在市场聚集的地区从事生产经营活动，那么，企业对选址的理性考虑，必将吸引前后相关联企业的聚集，从而反过来作用于市场布局。因为在市场越密集的地区，市场需求的总量也就越大、种类也就越多，产品的供给自然就越丰富，企业降低成本的可能性就越大，收益就会越高，这一过程中存在新经济地理学"核心—边缘"模型中的市场放大效应。因此，资金外部性主要通过要素流动、垂直管理、资本创造等关联机制，来实现生产要素及产业集聚。其二是技术外部性，是指由于知识溢出和技术扩散，厂商的生产函数发生改变，从而获取更多的收益。由于在不同行业以及相同行业的不同部门之间，会通过思想的碰撞或者知识传播与交流，行业、部门甚至地区之间的资源和信息实现共享共用，这会降低企业的搜寻成本，企业通过对先进技术的模仿、引进和吸收，提高自主创新能力，进而获取更高收益。在外部性的作用下，企业的空间集聚能够产生报酬递增，收益增加，外部性是产业聚集的重要原因，而知识溢出正是外部性的经济学本质。

关于溢出效应主要有三种：一是 MAR 溢出效应。该理论最早是由 Marshall 提出，后来 Arrow 和 Romer 分别对此进行了修正。该理论认为，如果在同一产业内，有大量的企业聚集，那么就会有利于知识溢出，通过生产要素、市场信息、技术等资源的共享，产业内的每个企业都会因此而节约成本，甚至可能出现技术创新，每个企业都会从中受益。主要影响机制为：随着产业聚集规模扩大，产业内企业数量不断增多，知识在产业内传播的速度大幅提升，技术人员交流的渠道将更为便捷，人才流动的障碍也将减小，再由于知识和技术的通用性，企业获取技术的成本将大幅降低。二是 Jacobs 溢出效应。该理论认为，若同一地区内聚集众多不同产业，则企业可以相互合作，共同利用该地区的基础设施、资源禀赋、政策措施等，还能通过产业之间的技术交流和创新合作，实现优势资源互补。尤其在互补产业之间，更容易出现知识溢出，通过溢出效应的充分发挥，知识的利用效率达到最大化。因而某个地区内聚集的不同产业种类越多，那么技术溢出效应就越大，企业也就更容易从中获益（刘满凤、吴卓贤，2013）[237]。三是 Porter 溢出效应。该理论认为地区内大量产业聚集，会通过增加产品数量和种类，来改变市场结构，从而形成更加激烈的市场竞争环境，一旦某个企业通过技术研发开发出新产品，将可能迅速占领市场，这会激励其他同类型企业加大研发投入力度，从而提升该地区整体创新能力（吴梅、龙志和，2011）[238]。

因此，从新经济地理学的角度来看，外部性是经济行为的空间溢出效应，主要包括集聚效应和扩散效应。这也意味着，空间溢出效应是通过这两种效应发挥作用。其中：集聚效应是指核心区在发展过程中积累了巨大的优势，如强大的科技实力、良好的基础设施、发达的资本市场、巨大的消费潜力，都将会对边缘地区的要素资源产生虹吸效应，吸引边缘地区的资源逐渐地向核心区流动，从而导致核心区增长速度加快，边缘区发展速度减缓，继而拉大了核心区与边缘区之间的发展差距，核心区越发达，边缘地区越落后，出现了两极分化。扩散效应则是指由于核心区的快速发展，对边缘区原材料和中间商品的需求增加，在投入产出方面，构成了优势产业互补，核心区企业为了节约成本，会选择在边缘区投资建厂，向边缘区输送人才、资金和技术。在核心区有限资源的约束下，出于转型升级的需要，核心区的劳动密集型产业会不断向边缘区转移，通过补偿效应带动边缘区的发展。总之，集聚效应会使资源向核心区集中，而扩散效应则会使资源向边缘区扩散，这是两种截然相反的作用力，同时发挥作用。当集聚效应大于扩散效应时，说明核心区并未对边缘区产生溢出效应，此时溢出效应为负；当集聚效应小于扩散效应时，说明核心区对边缘区产生溢出效应，此时溢出效应为正。因此，在整个经济体中，边缘区能否获得足够的发展机遇以实现经济的腾飞，归根结底还在于集聚效应和扩散效应在该地区作用力的相对大小，其作用力会随着空间距离的增大而减弱，呈现逐渐衰减的特征。

（二）企业家精神的外部性与空间溢出效应

根据外部性和溢出效应特征可以确定，企业家精神的外部性就是企业家精神在产生、发展和应用过程中所引起的成本或收益变动，对其他经济活动产生了溢出效应。例如，企业家精神的发展，会提升企业整合资源的能力和技术创新能力，提高要素资源的利用效率，通过发明新产品、新工艺、新方法，雇用员工，吸纳就业，提高劳动者收入，丰富产品市场，带动产业聚集，提供税收，促进地区经济发展。虽然在此过程中，企业和企业家也会从中获益，但整个社会收益会大幅提升，若社会收益大于企业家收益，则企业家精神的发展就产生了正的溢出效应。

企业家精神的空间溢出效应主要包括两类：企业家精神集聚效应和企业家精神扩散效应。集聚效应主要是指企业家精神在某个地区（如硅谷、中关村、高新技术开发区等创新创业中心）集聚之后，所产生的企业家精神网络效应、规模效应、循环累积效应，使企业家精神的形成要素由边缘区向核心区流动，核心区企业家精神增强，边缘区企业家精神减弱，两个区域之间企业家精神发展的不平衡进一步扩大。扩散效应是指通过企业家精神的市场竞争效应，核心区向边缘区设立分支机构、输送技术和管理人才等，带动边缘区的创新创业，促进边缘地区企业家精神发展，从而缩小区域之间的差距。总的来看，企业家精神的空间溢出效应主要呈现两个特点：一是同一期间，不同地区的企业家精神会受到较为显著的集聚效应和扩散效应的双重作用，从而形成"初始集聚—集聚强化—外围溢出"的空间分布特征。但在形成过程中，并非完全按照这一顺序，集聚与溢出可能依次发生，也可能同时发生。二是企业家精神溢出效应的强弱取决于相邻或相关区域之间的关联程度，关联性越强，溢出效应越明显，而这种关联性通常与区域的地理位置有关，即同一时期，企业家精神溢出效应的强度随着空间地理距离的增加而减弱，呈现出溢出本地化特征（Grillitsch and Nilsson，2015）[239]。因为距离的增加，区域之间的互动交往减少，会降低企业家精神传播的质量和数量，从而影响企业对市场机会和创新技术的把握，且增加企业交流和管理成本等。

二、研究设计

（一）空间计量模型的构建

传统的计量模型认为任何空间单元都是独立、不相关、均质的。但是，根据地理学第一定律，任何空间经济行为都存在相关性，空间计量经济学的发展，又为空间相关性分析提供了良好的方法及工具。一个地区的企业家精神会受到本地区经济环境、政治环境、文化背景、法治水平、人口特征等诸多因素的影响，但由于跨区域间的人才流动、技术合作、产业转移，地区社会环境及公共政策的示范性都会加强企业家精神的空间相关性。在第四章中，已经利用空间统计分析方法中的 Morlan I 指数，检验了企业家精神的空间自相关性，发现企业家精神存在空间集聚特征，即某个地区的企业家精神会受到周边地区企业家精神的影响，呈现高—高聚集或者低—低聚集。因此，本章采用空间计量模型进行实证分析是合适的。

在空间相关性研究中，通常采用三种计量模型，分别为空间滞后模型（SAR）、空间误差模型（SEM）和空间杜宾模型（SDM）（Elhorst，2012）[240]，表达式分别如下：

$$Y=\rho WY+X\beta+\varepsilon \tag{5-1}$$

式（5－1）为空间滞后模型（SAR），Y 为被解释变量，X 为解释变量，WY 为空间滞后项，表示被解释变量 Y 观察值的线性组合，变量 Y 由邻近地区的观察值构成，W 为 $n\times n$ 阶的空间权重矩阵。ρ 为空间回归系数，表示被解释变量的空间溢出效应，其数值大小反映了溢出效应强弱，如果 ρ 值显著，则反映被解释变量在空间区域之间存在相关性。ε 为随机误差项。

$$Y=X\beta+\varepsilon,\ \varepsilon=\lambda W\varepsilon+\mu \tag{5-2}$$

式（5－2）为空间误差模型（SEM），反映了误差项的交互效应，误差项的交互效应表示模型中的遗漏变量存在相关性。Y、X、W 的含义与公式（5－1）中相同，ε 和 μ 为随机误差项，$W\varepsilon$ 为误差项的空间滞后项，λ 为空间误差项的回归系数。SEM 假设空间相关性是由忽略变量形成的，常用来反映周边地区被解释变量的误差对本地区观察值的干扰。

$$Y=\rho WY+X\beta+\theta WX+\varepsilon \tag{5-3}$$

式（5－3）为空间杜宾模型（SDM），同时包含了内生和外生交互效应，Y、X、W、ρ、ε 的含义与公式（5－1）中相同，θ 为解释变量空间滞后项的回归系数，反映周边地区自变量对本地区被解释变量的影响程度。该模型的右边同时包含了解释变量和被解释变量的空间滞后项。

根据相关的研究，SAR 和 SEM 可由 SDM 转化得到。在 SDM 中，若 $\theta=0$，SDM 可转化成 SAR；若 $\theta+\rho\beta=0$，SDM 可转化成 SEM。在实证中选择合适的模型时，需要通过 LM 和 LR 检验两个原假设：H_0^1: $\theta=0$ 和 H_0^2: $\theta+\rho\beta=0$，当两个原假设都被拒绝时，采用 SDM；当第一个假设被拒绝，而第二个假设被接受时，则采用 SAR；当第一个假设被接受，而第二个假设被拒绝时，则采用 SEM。在空间计量模型中，若估计系数 $\rho\neq0$，那么估计系数 ρ、β、θ 就无法直接表示空间溢出效应大小，还需作进一步分解。Lesage 和 Pace（2009）[241] 提出利用偏微分分解法来解决这一问题，即通过对模型进行变换，得到空间溢出效应，由式（5－3）可得：

$$(I-\rho W)Y=X\beta+\theta WX+\varepsilon \tag{5-4}$$

$$Y=\sum_{r=1}^{k}S_r(W)x_r+V(W)\varepsilon \tag{5-5}$$

$$S_r(W)=V(W)(I\beta_r+W\theta_r) \tag{5-6}$$

$$V(W)=(I-\rho W)^{-1}=I+\rho W+\rho^2W^2+\rho^3W^3+\cdots \tag{5-7}$$

式（5－5）至式（5－7）中，k 为解释变量 x 的个数，x_r 为第 r 个解释变量，β_r 为 x_r 的估计系数，θ_r 为 WX 中第 r 个变量的估计系数；I 为单位矩阵。将式（5－4）变换为式（5－5），表明了 S_r（W）的作用，被解释变量 y_i 可表示如下：

$$\begin{pmatrix} y_1\\ y_2\\ \vdots\\ y_n \end{pmatrix}=\sum_{r=1}^{k}\begin{pmatrix} S_r(W)_{11} & S_r(W)_{12} & \cdots & S_r(W)_{1n}\\ S_r(W)_{21} & S_r(W)_{22} & \cdots & S_r(W)_{2n}\\ \vdots & \vdots & \ddots & \vdots\\ S_r(W)_{n1} & S_r(W)_{n2} & \cdots & S_r(W)_{nn} \end{pmatrix}\begin{pmatrix} x_{1r}\\ x_{2r}\\ \vdots\\ x_{nr} \end{pmatrix}+V(W)\varepsilon \tag{5-8}$$

$$y_i=\sum_{i=1}^{k}[S_r(W)_{i1}x_{1r}+S_r(W)_{i2}x_{2r}+\cdots+S_r(W)_{in}x_{nr}]+V(W)\varepsilon \tag{5-9}$$

将式（5－9）中的 y_i 对本地区的第 r 个解释变量 x_{ir} 求偏导，得到式（5－10）。将 y_i 对空间其他地区 j 的第 r 个解释变量 x_{jr} 求偏导，得到式（5－11）。在式中，S_r（W）$_{ii}$表示第 r 个解释变量对本地区 i 被解释变量的影响，S_r（W）$_{ij}$表示第 r 个解释变量对空间其他地区 j 被解释变量的影响。

$$\frac{\partial y_i}{\partial x_{ir}}=S_r(W)_{ii} \tag{5-10}$$

$$\frac{\partial y_i}{\partial x_{jr}}=S_r(W)_{ij} \tag{5-11}$$

空间计量模型的估计系数中，包含三种效应：直接效应、溢出效应和总效应，其中，总效应为直接效应与溢出效应之和。

对于空间权重矩阵 W，本书采用空间邻接矩阵和空间地理距离矩阵来表示，分别设定如下：

空间邻接矩阵：

$$w_{ij}=\begin{cases}1 & i\text{ 与 }j\text{ 相邻}\\ 0 & i=j\text{ 或 }i\text{ 与 }j\text{ 不相邻}\end{cases} \tag{5-12}$$

空间地理距离矩阵：

$$w_{ij}=\begin{cases}\dfrac{1}{d_{ij}^2} & 若\ i\neq j\\ 0 & 若\ i=j\end{cases} \tag{5-13}$$

式（5－12）和式（5－13）中 i，j 为各单元的编号，i，$j\in[1, n]$，n 为地区数量，系数 d_{ij} 表示地区 i 与 j 之间的地理距离，采用省会城市之间的球面距离来表示，由国家基础地理信息系统中相关数据计算整理得到，这反映两城市间互动强度随着距离的增加而减弱。

空间权重矩阵 W 的选择对于空间计量分析结果来说十分重要，但目前如何准确地选择空间权重矩阵仍然存在不同的观点。但空间权重矩阵所反映的是空间单元之间影响程度的大小，若两个地区相距越远，那么彼此之间的相互影响就可能越小，空间权重值就越小；与之相反，若两个地区相距越近，那么彼此之间的相互影响就可能越大，空间权重值就越大。因此，在本书中选取常用的空间邻接矩阵和空间地理距离矩阵。

（二）变量选取和数据说明

本书在借鉴以往研究成果的基础上，并结合第二章中的文献综述内容，考虑数据的可得性和中国的实际国情，从经济环境、政治环境、法治水平、人口特征、基础设施等方面，来考察企业家精神的空间溢出效应及影响因素，具体变量说明如下。

1. 被解释变量

中国省域的企业家精神（*ES*），采用第四章中计算得到的综合指标值。

2. 解释变量

（1）经济环境。完善的金融体系能协助具有创新精神的企业家整合要素资源，促进资源流动，使更多的企业家才能用于创新活动（李磊等，2014）[242]。与之相反，限制性的金融政策会对企业家行为产生负面影响，尤其对于中小型企业来说，融资困难会严重约束企业的创新创业活动（Abubakar，2015）[85]。与缺乏金融资源的企业相比，那些拥有丰富金融资源的企业会更容易实施创新导向战略（Lin and Liu，2012）[243]。因此，本书采用金融发展水平（Fin）作为衡量经济环境的一个指标，具体数值由存贷款余额占 GDP 的比重来表示。

经济自由度越高，企业家创新创业活动就越密集，两者之间具有显著的正相关。这主要是因为，若新企业能够自由地进入现有市场，并成功赚取利润，那么就会激发更多的新进入者，从而激发企业家才能。而贸易保护政策只能减少商品流通，削弱市场活力，限制企业家才能的发挥（Bologna，2014）[244]。Fritsch 等（2014）[245]的研究表明，与半市场经济以及计划经济相比，市场经济更能显著促进企业家精神的发展，市场自由度越高，企业家精神越强。因此，本书采用市场自由度（Mar）来作为衡量经济环境的另一个指标，由中国市场化指数，即市场分配经济资源的能力来表示。

（2）政治环境。在市场经济环境中，高效、透明的政府是市场正常运转的必要条件。简化的政府行政审批手续，可以防止政府官员利用手中权力谋取私利，降低企业经营成本，净化市场环境，有助于企业家精神的发展。因此，本书采用政府对企业的干预（Gov）作为衡量政治环境的指标之一，具体数值由行政审批手续方便简捷情况来表示。

作为市场的新进入者，必须通过构建各种政治关系，以适应该环境中的各种非正式规则，来减轻腐败对企业发展造成的阻力。在位企业会通过寻租获取的市场垄断地位，利用价格和市场优势，对新进入者进行排挤，从而抑制市场中的企业家精神（Aidis et al.，2012）[105]。一旦关键要素掌握在政府官员手中，他们就可能会利用手中的权力进行寻租，而潜在的企业家只有通过寻租来获取资源，这到会导致企业家的创新不足，进一步强化了腐败对企业家精神的抑制作用（李后建，2013）[54]。但是有些学者认为，企业家在创新、创业过程中，为了避开政府管制，而从事寻租活动是一种次优效率，寻租支出是为了得到更好的服务和更优惠的税收或补贴政策，这种情况下的腐败不仅没有抑制企业家精神，反而会促进企业家精神（邵传林，2014）[106]。因此，本书采用地区腐败程度（Cor）作为衡量政治环境的另外一个指标，借鉴颜为民等（2015）[246]的做法，由每万人公职人员职务犯罪立案数来表示。

（3）法治水平。财产权是维护市场经济的基础，只有当企业家的利益受到保护，企业家们才会相信自己所付出的时间、努力和投资能够获得相应的回报，从而激发更多的创新创业活动（Bjuggren et al.，2013）[121]；相比之下，落后的产权制度环境会鼓励寻租活动，从而以掠夺性的形式，从其他企业创新活动中获取利益，这些活动往往会阻碍企业家运用自己的天赋，甚至会促使企业家将自己的才能更多地用于非生产性活动，从而导致更多的寻租行为（Litan，2016）[123]。所以，健全的产权制度能为企业家行为提供足够的激励。因此，本书采用财产权保护力度（Pro）作为衡量法治水平的指标之一，由维护市场的法制环境能力来表示。

知识产权保护力度加强，会提升企业家的创新欲望（Estrin et al.，2013）[126]。首先，企业创新需要大量的前提投入，并且承担较大的风险，在知识产权保护力度较强的环境下，投资者对未来的创新收益持有更为乐观的态度，也愿意继续加大对企业技术创新的投入。同时，企业的创新成果被保护后，具有排他性，也就难以被竞争对手剽窃和仿制，企业可以从中获取更多的收益，提高企业创新积极性。其次，完善的知识产权保护体系，还有助于提升企业的品牌价值，利用知识产权质押等方式，企业更容易从银行获取信贷，用于后续的创新活动。强化知识产权保护在激励企业自主研发、提高国外技术引进效果、促进 FDI 知识溢出、提升工业核心技术创新能力等方面发挥积极作用（刘思明等，2015）[247]。因此，本书采用知识产权保护强度（Ipr）作为衡量法治水平的另外一个指标，Ginarte 和 Park（1997）[248]构建了 GP 指数来测量知识产权保护强度，韩玉雄、李怀祖（2005）[249]根据中国的实际国情，采用执法力度对 CP 指数进行修正，该方法在国内的实证中得到广泛应用，本书借鉴这一思路，经测算得到各省历年的知识产权保护强度。

（4）人口特征。年龄结构通常会关乎一个地区的市场容量、消费结构、劳动力供给等，因此与地区的新企业进入率息息相关。有学者指出，老年人不太可能会创立新企业，因为他们更喜欢稳定的生活和规避更多的风险（Henley，2007）[130]。但也有学者认为，老年人具有更多的经验积累、行业知识、商业意识和网络金融资本，对创业更有信心，也更容易成功（Cowling and Taylor，2001）[131]。一些研究表明，创业企业家的职业生涯可以在许多不同的年龄发生，包括那些年龄超过 40 岁，有必要重新思考年龄与创业成功之间的关系。郭凯明等（2016）[135]认为以生育率下降为特征的中国人口转变，会不利于创新和创业型企业家精神的形成。因此，我们采用老年人口抚养比（Dre）作为反映人口特征的一个重要指标。

尽管企业家中女性比率不断增长，女性企业家对社会经济贡献巨大，但数量上仍显不足（Deo et al.，2016）[141]。Hinze（2011）[142]研究发现，2009 年，接近一半的女性选择领取固定薪水的工作，而只有 27.64% 的女性注册成立企业，其中的缘由可以归因于性别的差异。在传统观点中，“老板”通常被认为是男性化的职业理念，世界上几乎所有国家的男性企业家比率都高于女性。根据性别角色理论，女性主要作用是在家庭，男性的主要作用是在工作（Wood and Eagly，2010）[145]。对于中国女性来说，由于男女经济地位和社会地位的差距，人力资本、资源禀赋、社会网络等条件的限制，不仅女性创业的数量偏少，而且还主要属于低层次的生存型创业，企业家精神的性别差距较为显著（刘鹏程等，2013）[27]。因此，本书采用性别比（Sr）作为衡量人口特征的另外一个指标。

（5）基础设施。基础设施建设虽然需要大量的资金，但它有利于减少区域间的壁垒，促进区域、行业间的交流合作，随着思想和知识的碰撞，更能激发出创意的火花，有利于创新创业活动（Woolley，2013[148]；Ghio et al.，2015[149]），而网络、电子邮件这些新媒体的使用比电话、信件等传统的信息传播方式更能够激发企业的创新（Rowe and Detlefstruck，1999）[150]。正如 Lofstrom 等（2014）[56]指出，为了与在位企业进行竞争，市场的新进入者需要通过便捷的途径和方法，去掌握更多的技能和知识，从而创造出更多的商机。因此，基础设施建设与企业家创新创业之间存在显著的正相关（Audretsch et al.，2015）[151]。本书采用公路密度（Hw）和互联网普及率（Ia）作为衡量基础设施的两个指标。

（三）数据来源和描述性统计

中国市场化指数、政府对企业的干预、维护市场的法制环境等指标由樊纲等（2011）[250]、王小鲁等（2016）[251]编制的《中国市场化指数》中得到，公职人员职务犯罪立案数来源于《中国检察年鉴》，存贷款余额、GDP、抚养比、性别比、公路密度、互联网普及率等指标来源于《中国统计年鉴》和各省份统计年鉴。对于部分年份年鉴上缺少而又无法得到的数据，采用插值法进行估算得到。由于西藏自治区部分数据缺失，为了结果更为可靠，故本书的样本只包括 30 个省份（不含西藏、港澳台）。

被解释变量和解释变量的描述性统计如表 5 - 1 所示。从中可以发现，中国省域企业家精神在数值上存在显著差异。在 30 个样本地区中，企业家精神的平均值为 0.199，最大值和最小值分别为 1 和 0.032，前者是后者的 30 倍，分别为 2015 年的北京和 2001 年的青海。从其他变量指标来看，金融发展水平的平均值为 2.611，最大值和最小值分别为 7.575 和 1.279，分别为 2015 年的北京和 2008 年的内蒙古。市场自由度的平均值为 5.939，最大值和最小值分别为 10.803 和 -30.609，分别为 2015 年的山东和 2001 年的青海。政府对企业干预的平均值为4.887，最大值和最小值分别为15.73和-17.9，分别为2015年的安徽和2015年的宁夏。地区腐败程度的平均值为28.011，最大值和最小值分别为139.02和8.2，分别为2002年的青海和2013年的北京。财产权保护强度的平均值为4.029，最大值和最小值分别为10.44和0.15，分别为2001年的上海和2001年的青海。知识产权保护强度的平均值为8.969，最大值和最小值分别为80.49和-0.62，分别为2015年的上海和2004年的青海。老年人口抚养比的平均值为0.374，最大值和最小值分别为0.575和0.193，分别为2005年的贵州和2006年的广东。性别比的平均值为1.042，最大值和最小值分别为1.204和0.949，分别为2015年的天津和2006年的江苏。公路密度的平均值为57.9，最大值和最小值分别为160.9和1.968，分别为2015年的上海和2001年的青海。互联网普及率的平均值为0.247，最大值和最小值分别为0.745和0.005，分别为2015年的北京和2001年的贵州。

表5-1 变量的描述性统计

变量	平均值	标准差	最小值	最大值	样本数
ES	0.199	0.139	0.032	1	465
Fin	2.611	0.987	1.279	7.575	465
Mar	5.939	5.403	-30.609	10.803	465
Gov	4.887	4.638	-17.900	15.73	465
Cor	28.011	11.617	2.180	139.02	465
Pro	4.029	2.183	0.15	10.44	465
Ipr	8.969	14.527	-0.620	80.49	465
Dre	0.374	0.072	0.193	0.575	465
Sr	1.042	0.035	0.949	1.204	465
Hw	57.9	40.04	1.968	160.9	465
Ia	0.247	0.191	0.005	0.745	465

三、实证结果分析

（一）全国样本分析

1. LR 和 Wald 检验

本书将利用 LR 和 Wald 检验，来判断在空间邻接权重矩阵和空间地理距离权重矩阵下，应该采用哪种模型更为合适，检验结果如表 5－2 所示。LR 和 Wald 检验都显示，在两种空间权重矩阵下，第一个假设（H_0^1: $\theta=0$）和第二个假设（H_0^2: $\theta+\rho\beta=0$）均在 1% 的显著水平上被拒绝，即空间滞后模型（SAR）和空间误差模型（SEM）都不适合本书的研究，因此，在参数估算时我们采用空间杜宾模型（SDM）。

表 5－2 LR 和 Wald 检验

检验	空间邻接权重矩阵		空间地理距离权重矩阵	
	统计值	P 值	统计值	P 值
LR Spatial lag	75. 812	0. 000	53. 693	0. 000
LR Spatial error	116. 783	0. 000	62. 261	0. 000
Wald Spatial lag	80. 881	0. 000	59. 324	0. 000
Wald Spatial error	131. 881	0. 000	81. 792	0. 000

2. 回归结果分析

在空间邻接权重矩阵下，对 SDM 空间模型进行空间固定效应、时间固定效应和双固定效应的回归，结果如表 5－3 所示。为了进一步比较 SAR、SEM 模型估计结果的差异性，在表 5－3 中也给出了这两种模型的估计结果。在 SDM 模型中，从 R^2 和 Log-likelihood 的数值来看，双固定效应模型都要大于另外两种模型，说明模型的拟合度较高，且变量的估计系数大多显著，故而采用双固定效应的 SDM 进行分析。

表 5-3 全国样本回归结果

变量	SAR			SEM			SDM		
	空间固定	时间固定	双固定	空间固定	时间固定	双固定	空间固定	时间固定	双固定
ρ	0.109** (2.110)	0.064 (1.460)	0.328*** (6.286)				0.156** (2.492)	0.284*** (4.165)	0.145** (2.106)
λ				0.201*** (3.183)	0.154** (2.158)	0.028*** (3.847)			
Fin	-0.010 (-1.424)	0.031*** (6.965)	0.033*** (4.483)	0.015** (2.073)	0.032*** (7.549)	0.028*** (3.847)	0.005 (0.741)	0.037*** (9.164)	0.015** (2.146)
Mar	0.003* (1.967)	0.001 (0.485)	0.002 (1.438)	0.003* (1.928)	0.000 (0.123)	0.001 (0.860)	0.001 (0.947)	0.001 (1.014)	0.002* (1.697)
Gov	0.001* (1.897)	0.004*** (3.974)	0.0001 (0.066)	0.0005 (0.631)	0.004*** (4.235)	-0.0005 (-0.466)	-0.0001 (-0.058)	-0.0005 (-0.403)	-0.003*** (-3.500)
Cor	-0.081*** (-3.622)	-0.057* (-1.836)	-0.063*** (-2.835)	-0.093*** (-4.161)	-0.057* (-1.837)	-0.074*** (-3.126)	-0.062*** (-2.993)	-0.053* (-1.934)	-0.058*** (-2.805)
Pro	0.001 (1.019)	0.005*** (3.089)	0.002 (1.570)	0.001 (0.404)	0.006*** (3.376)	0.001 (0.853)	0.002 (1.169)	0.003** (2.203)	0.004*** (2.798)
Ipr	0.005*** (15.701)	0.004*** (11.244)	0.006*** (18.274)	0.005*** (16.647)	0.003*** (11.006)	0.005*** (15.999)	0.007*** (18.167)	0.004*** (11.901)	0.006*** (18.047)
Dre	-0.014 (-0.235)	-0.257*** (-4.855)	-0.012 (-0.183)	-0.035 (-0.535)	-0.241*** (-4.821)	-0.251*** (-4.887)	-0.056 (-0.826)	-0.170*** (-2.776)	-0.022 (-0.364)
Sr	-0.004 (-0.066)	-0.227*** (-2.676)	0.055 (0.845)	-0.050 (-0.736)	-0.189** (-2.248)	-0.248*** (-2.934)	0.027 (0.427)	-0.035 (-0.424)	-0.102* (-1.708)
Hw	0.015 (0.629)	0.061** (2.447)	0.101*** (3.652)	0.013 (0.522)	0.056** (2.357)	0.042* (1.803)	0.064* (1.937)	0.018 (0.749)	0.089*** (2.969)
Ia	0.235*** (9.956)	0.302*** (5.519)	0.095** (1.954)	0.201*** (8.691)	0.311*** (5.919)	0.133*** (5.713)	0.207*** (4.987)	0.285*** (5.586)	0.095* (1.914)

续表

变量	SAR			SEM			SDM		
	空间固定	时间固定	双固定	空间固定	时间固定	双固定	空间固定	时间固定	双固定
WFin							0.025** (2.184)	0.030*** (3.044)	0.027** (2.330)
WMar							0.003 (0.967)	0.007** (1.999)	0.009*** (2.617)
WGov							0.009*** (5.830)	0.009*** (4.643)	0.006*** (4.451)
WCor							-0.080* (-1.842)	-0.043 (-0.660)	-0.099** (2.044)
WPro							-0.003 (-1.041)	0.001 (0.357)	-0.001 (-0.339)
WIpr							-0.006*** (-9.321)	-0.004*** (-5.602)	-0.005*** (-6.637)
WDre							-0.083 (-0.746)	-0.049 (-0.503)	-0.158 (-1.207)
WSr							0.077 (0.606)	0.011 (0.164)	0.086 (0.754)
WHw							0.106** (2.319)	0.005 (0.097)	0.074 (1.329)
WIa							0.036 (0.667)	0.032 (0.381)	0.021 (0.370)
R^2	0.942	0.850	0.955	0.941	0.848	0.949	0.954	0.891	0.961
Log-likelihood	920.732	702.827	980.847	921.917	700.334	960.362	977.664	759.822	1018.753

注：***、**和*分别表示在1%、5%和10%的水平上显著。

（1）企业家精神的空间溢出效应。

从估计结果来看，被解释变量空间滞后项的回归系数值大于0，且在5%的水平上显著，说明本地区的企业家精神会受到周边地区企业家精神的正向带动作用，且周边地区企业家精神值每提高10%，本地区的企业家精神值会提升1.45%，即企业家精神存在显著的正向空间溢出效应，验证了前文中的假设H1。企业家精神的空间溢出效应主要包括集聚效应和扩散效应，集聚效应是指企业家精神形成要素由边缘区向核心区流动，核心区企业家精神增强，边缘区企业家精神减弱；扩散效应是指通过企业家精神的市场竞争效应，核心区向边缘区设立分支机构、输送技术和管理人才等，促进边缘地区企业家精神发展，从而缩小区域之间的差距。在同一时期，不同地区的企业家精神会受到集聚效应和扩散效应的双重作用。当扩散效应大于集聚效应时，溢出效应为正；当集聚效应大于扩散效应时，溢出效应为负。因此，从中国整体情况来看，企业家精神的扩散效应大于集聚效应，故而产生正向溢出效应。这主要原因可能是，在改革开放初期，企业家及企业家精神起源于东南沿海省份，产生了企业家精神初始集聚的核心区，形成企业家精神的要素资源不断地向核心区流动，从而导致企业家精神的集聚强化。但是，随着中国经济的快速发展，中西部地区的崛起，区域之间产业转移、技术交流、人才流动日益频繁，企业家精神开始由核心区向边缘区外溢，从而带动了边缘区企业家精神的提升。但是，企业家精神这种溢出效应的强弱取决于相邻或相关区域之间的关联程度，关联性越强，溢出效应越明显，而这种关联性通常与区域的地理位置有关，即企业家精神溢出效应的强度随着空间地理距离的增加而减弱。这也表明企业家精神的发展要实行区域联动、协同共进的思路，如此才能事半功倍。

（2）制度环境的影响效应。

在非空间计量模型中，解释变量的系数就表示了该变量对企业家精神的边际效应，但在空间模型中并非如此，由于存在空间溢出效应，某解释变量对企业家精神的总效应不可能等于该解释变量的估计系数，这主要是因为，该解释变量不仅会直接影响本地区的企业家精神，而且还会对周边地区企业家精神产生影响，从而通过反馈效应影响本地区的企业家精神，对于估计系数的解释更为复杂。因此，本书进一步采用Lesage和Pace（2009）[241]的方法，将金融发展水平、市场自由度等变量对企业家精神的影响效应分解为直接效应和溢出效应。表5－4给出了空间邻接权重矩阵下的效应分析结果。

表 5-4 全国样本的效应分析结果

变量	直接效应	溢出效应	总效应
Fin	0.015*** (2.720)	0.011* (1.823)	0.026*** (4.241)
Mar	0.011*** (3.397)	0.006 (1.644)	0.017*** (4.631)
Gov	-0.004*** (-3.682)	0.006*** (4.318)	0.002 (1.322)
Cor	-0.062*** (-2.526)	-0.058** (-2.371)	-0.120*** (-4.160)
Pro	0.002* (1.697)	-0.001 (-0.641)	0.001 (0.891)
Ipr	0.007*** (12.511)	-0.005*** (-8.896)	0.002*** (3.265)
Dre	-0.024 (-0.324)	-0.145 (-1.201)	-0.169 (-1.493)
Sr	-0.131* (-1.727)	0.016 (0.619)	-0.115 (1.289)
Hw	0.086* (1.809)	0.107** (2.351)	0.193*** (3.545)
Ia	0.094* (1.764)	0.008 (0.151)	0.102* (1.896)

注：***、**和*分别表示在1%、5%和10%的水平上显著。

1）直接效应。金融发展水平的直接效应显著为正，表明金融发展是支撑企业家精神发展的重要力量，这是因为无论是企业的自主创新还是新进入者的创业，都需要大量的资金支持，在金融发展程度越高的地区，企业家精神越强。如浙江的民营经济高度发达，与其盘根交错的民间借贷是分不开的，虽然这在合法性上存在一定的争议，但在间接融资面临较大约束的背景下，民间借贷对企业家的创新创业活动具有显著的促进作用。市场自由度的直接效应显著为正，表明市场自由度对企业家精神的发展具有促进作用。在市场经济体系中，市场自由度越高，意味着进入门槛就越低，企业家进入新领域、开发新产品的成本就越低，相应的成功率就越高，这将会极大地激发企业家的创新精神和创业精神。财产权保护强度的直接效应显著为正，表明加强财产权保护力度能促进企业家精神的发展。这是因为在财产权保护力度越强的环境中，企业家的财产权和自由权更容易得到法律的保障，付出与收入将会成正比，在此激励下，企业家会尽可能地将自己的聪明才智用于生产性的经营活动，以获得更高的收益。知识产权保护强度的直接效应显著为正，这表明加强知识产权保护会促进企业家精神的发展。这是因为在知识产权保护力度较大的环境中，企业对未来创新收入具有较大的预期，也愿意加大技术开发的投资力度，这激发了企业家的创新精神。另外，一旦企业的创新成果被保护后，企业家可以通过授权，从其他生产企业获取专利费，这为企业带来巨额的收益，并持续加大企业的研发投入。这些都极大地提高企业家的创新精神。公路密度的直接效应显著为正，这表明公路交通建设促进了企业家精神的发展。这是因为交通基础设施的建设一方面带动了相关行业的投资和发展，另一方面促进了区域之间的交流融合和协助互动，使得企业家、人才、知识、技术的流动更为便捷，为创新创业活动创造了有利的条件。互联网普及率的直接效应显著为正，表明互联网的普及能促进企业家精神的发展，近些年随着互联网技术的飞速发展，产生了很多新兴产业，随之诞生一大批“独角兽”企业，互联网行业可谓是中国经济中企业家精神最为活跃的领域；同时，随着互联网的普及，人才、技术、信息在不同区域之间的交流更为便捷，极大地降低了企业的搜寻成本和交易成本，为企业家的创新创业活动提供了支持。

政府对企业干预的直接效应显著为负，表明政府的干预会抑制企业家精神的发展，这可能是因为政府为企业发展设置过多的行政审批手续，会给政府官员带来寻租的机会，从而增加企业的额外成本，同时繁杂的审批手续也会延缓新产品或新企业进入市场的速度，可能会导致企业在市场竞争中错失良机，从而增加创新创业的风险。地区腐败程度的直接效应显著为负，表明腐败行为会抑制企业家精神的发展。在一个政治腐败的环境中，对于市场的新进入者来说，需要支付更多的成本来构建与政府官员的政治关系，以减少政府对企业的干预，甚至可以通过寻租，直接从政府掌权者手中直接获得项目，从而获取收益，一旦企业花费大量的资本和时间来从事寻租活动，并可能从中获取巨额收益时，则必然会削弱其创新动力。性别比的直接效应显著为负，表明性别比的上升会抑制企业家精神的发展。这可能原因是，近十五年来，由于计划生育等多种政策的影响，中国人口性别比例持续恶化，使目前性别比达到了一个非常危险的境地，这也说明在中国目前情况下，尽管女性的社会地位有了极大的提高，但在创新创业、抵抗风险方面，还与男性有一定的差距，需要进一步改善。老年人口抚养比的直接效应虽然为负，但不显著，表明目前老年人口抚养比的变化对企业家精神的影响还尚未凸显出来，可能原因是人口年龄结构变化是一个长期的过程，而在过去的十五年间，中国的老年人口抚养比本身并未发生较大幅度的变动，中国还未完全进入老龄化社会，人口年龄结构的变动还不足以引起企业家精神的变化。

2）溢出效应。金融发展水平的溢出效应显著为正，表明金融发展会产生正的空间溢出效应，即本地区的金融发展会提升周边地区的企业家精神，可能原因是金融资本在跨区域流动下，会支持邻近地区的创新创业活动。市场自由度的溢出效应显著为正，表明本地区市场开放会提升周边地区的企业家精神，可能原因是某个地区的市场开放程度提高，会产生辐射作用，带动周边地区的市场开放，从而有利于企业家的创新创业活动。政府对企业干预的溢出效应显著为正，表明本地区的政府对企业干预程度的加强会有利于周边地区的企业家精神发展，可能原因是在市场竞争环境中，若一个地区的政府对企业干预过多，必然会驱使企业向邻近地区进行产业转移，会造成本地区的人才、资本、技术等创新资源流向能够提供更为优越公共服务的周边地区，形成“用脚投票”的现象，从而促进了相邻地区企业家的创新创业活动。地区腐败程度的溢出效应显著为负，表明政府腐败程度会对企业家精神产生负的空间溢出效应，即本地区腐败程度的加深会抑制周边地区企业家精神的发展，可能原因是腐败寻租行为具有示范带动作用，通过对邻近地区的感染和同化，加剧了邻近地区的腐败程度，从而抑制企业家的创新创业活动。财产权保护强度的溢出效应不显著，表明本地区法治水平的提升对周边地区企业家精神不产生影响。知识产权保护强度的溢出效应显著为负，表明本地区知识保护强度加强会抑制周边地区企业家精神的发展，可能原因是某个地区加大对知识产权的保护强度，这会吸引周边地区创新型企业的聚集，从而降低周边地区的创新水平。抚养比和性别比的溢出效应不显著，表明本地区人口年龄结构和性别结构的变化对周边地区企业家精神不产生影响。公路密度的溢出效应显著为正，表明本地区交通基础设施建设会促进周边地区企业家精神的发展，这可能由于随着交通的日益便捷，本地区的企业和企业家在考虑对外投资时，更倾向于选择地理空间上的邻近地区，从而增强了周边地区的创新创业活动。互联网普及率的溢出效应不显著，表明本地区通讯基础设施建设并未对周边地区企业家精神产生影响。

综上所述，假设 H2 得到验证，即企业家精神在受到本地区制度环境直接影响的基础上，还受到其他地区制度环境溢出效应的影响。

（二）分地区样本分析

由于企业家精神在中国区域之间的分布不均衡，本书将进一步深入探讨不同地区企业家精神的空间溢出效应及影响因素。由于地理位置接近地区之间的相关性更强，故而，根据国家统计局的划分标准，将中国划分为三大区域：东部、中部和西部。

1. LR 和 Wald 检验

对于分地区样本，本书将继续利用 LR 和 Wald 检验，来判断在空间邻接权重矩阵和空间地理距离权重矩阵下，应该采用哪种模型更为合适，结果如表 5 –5 所示。在三大区域中，LR 和 Wald 检验都显示，在两种空间权重矩阵下，第一个假设（H_0^1: $\theta=0$）和第二个假设（H_0^2: $\theta+\rho\beta=0$）均在 1% 的显著水平下被拒绝，即空间滞后模型（SAR）和空间误差模型（SEM）都不适合。因此，对于三大区域，在估算时均采用空间杜宾模型（SDM）。

表 5 –5　分地区样本 LR 和 Wald 检验

检验		空间邻接权重矩阵		空间地理距离权重矩阵	
		统计值	P 值	统计值	P 值
东部	LR Spatial lag	56. 322	0. 000	32. 506	0. 000
	LR Spatial error	52. 215	0. 000	29. 921	0. 000
	Wald Spatial lag	73. 127	0. 000	42. 632	0. 000
	Wald Spatial error	61. 095	0. 000	39. 068	0. 000
中部	LR Spatial lag	51. 243	0. 000	26. 725	0. 000
	LR Spatial error	47. 469	0. 000	20. 607	0. 000
	Wald Spatial lag	63. 902	0. 000	37. 060	0. 000
	Wald Spatial error	54. 578	0. 000	31. 281	0. 000
西部	LR Spatial lag	56. 734	0. 000	25. 414	0. 000
	LR Spatial error	47. 613	0. 000	38. 752	0. 000
	Wald Spatial lag	66. 465	0. 000	36. 583	0. 000
	Wald Spatial error	52. 077	0. 000	49. 657	0. 000

表 5－6　空间邻接矩阵下分地区样本的回归结果

变量	东部			中部			西部		
	空间固定	时间固定	双固定	空间固定	时间固定	双固定	空间固定	时间固定	双固定
ρ	0.006 (0.091)	0.372*** (5.193)	0.471*** (7.073)	0.236*** (2.849)	0.239*** (2.944)	0.237*** (2.895)	0.048 (0.496)	0.830*** (8.669)	0.472*** (4.385)
Fin	0.007 (0.528)	0.088*** (7.646)	0.037*** (3.004)	0.005 (0.426)	0.015 (1.236)	0.036*** (2.787)	0.012 (1.357)	0.013 (1.571)	0.004 (0.482)
Mar	0.055*** (7.729)	0.030*** (6.212)	0.061*** (10.816)	0.008** (2.060)	0.009*** (2.871)	0.007* (1.751)	0.001 (0.600)	0.001 (1.381)	0.001 (0.580)
Gov	−0.010*** (−4.929)	−0.008*** (−2.734)	−0.009*** (−4.105)	−0.004*** (−3.159)	−0.004*** (−3.451)	−0.003*** (−2.787)	−0.001 (−0.849)	−0.001 (−1.500)	−0.002** (−2.285)
Cor	−0.131* (−1.885)	−0.103 (−1.141)	−0.132** (−2.351)	−0.066* (−1.904)	−0.031 (−1.076)	−0.006 (−0.173)	−0.013 (−0.896)	−0.011 (−0.584)	−0.012 (−0.906)
Pro	0.024*** (3.380)	0.012 (1.628)	0.026*** (4.257)	0.001 (0.024)	0.005 (0.120)	0.012 (0.453)	0.012 (0.793)	0.011 (0.745)	0.009 (0.539)
Ipr	0.006*** (9.535)	0.003*** (4.683)	0.005*** (7.702)	0.010*** (4.878)	0.009*** (7.680)	0.011*** (6.670)	0.005*** (4.365)	0.009*** (9.530)	0.007*** (6.076)
Dre	−0.185 (−1.416)	−0.417** (−2.073)	−0.245* (−1.684)	−0.151** (−2.013)	−0.031 (−0.521)	−0.074 (−0.969)	−0.084 (−1.262)	−0.450*** (−8.725)	−0.034 (−0.574)
Sr	−0.061 (−0.601)	−0.124 (−0.916)	−0.069 (−0.859)	−0.123 (−1.265)	−0.256*** (−2.727)	−0.186** (−2.158)	0.041 (0.581)	0.146* (1.815)	0.175*** (2.918)
Hw	0.248* (1.697)	0.292** (1.871)	0.326*** (2.905)	0.113 (1.003)	0.282*** (3.523)	0.236* (1.941)	0.064*** (2.664)	0.060*** (3.318)	0.090*** (3.582)
Ia	0.030 (0.376)	0.046 (0.346)	0.177* (1.735)	0.115 (1.144)	0.007 (0.069)	0.137 (1.297)	0.137** (2.087)	0.324*** (3.670)	0.123* (1.830)

续表

变量	东部			中部			西部		
	空间固定	时间固定	双固定	空间固定	时间固定	双固定	空间固定	时间固定	双固定
WFin	0.029 (1.404)	0.027 (1.190)	0.007 (0.337)	-0.035** (-2.412)	-0.031** (-2.088)	-0.028* (-1.698)	-0.009 (-0.863)	-0.015 (-1.033)	-0.035** (-2.497)
WMar	0.025 (1.227)	0.016 (0.817)	0.021 (0.110)	-0.003 (-0.473)	-0.001 (-0.121)	-0.002 (-0.158)	0.005** (2.413)	0.009*** (2.883)	0.001 (0.641)
WGov	-0.001 (-0.227)	-0.023*** (-4.543)	-0.014** (-2.401)	0.005** (2.232)	-0.001 (-0.576)	-0.003 (-1.231)	-0.001 (-0.958)	0.002 (1.215)	-0.004 (-1.743)
WCor	-0.253*** (-2.677)	-0.108 (-1.212)	-0.490*** (-3.338)	-0.022 (-0.529)	-0.041 (-0.932)	0.014 (0.319)	0.029 (0.987)	0.129*** (2.685)	0.036 (1.058)
WPro	-0.027** (-2.357)	-0.009 (-1.005)	-0.041*** (-4.251)	0.002 (1.117)	0.004* (1.864)	0.004* (1.759)	-0.002 (-0.810)	0.001 (0.284)	-0.001 (-0.044)
WIpr	-0.006*** (-6.614)	-0.004*** (-3.197)	-0.004*** (-3.949)	0.002 (0.650)	0.002 (0.445)	0.001 (0.263)	0.007** (2.110)	0.009*** (3.340)	0.010*** (3.461)
WDre	0.018 (0.109)	0.108 (0.486)	-0.401*** (-2.633)	0.183* (1.824)	-0.198** (-2.214)	0.041 (0.316)	-0.025 (-0.262)	-0.330*** (-2.619)	-0.068 (-0.470)
WSr	0.498*** (3.348)	0.496** (2.486)	0.200 (1.534)	-0.170 (-1.413)	-0.351** (-2.514)	-0.307** (-2.552)	0.246** (2.315)	0.087 (0.487)	0.259** (2.203)
WHw	0.321 (1.335)	0.813** (2.339)	0.265 (0.976)	0.107 (0.940)	0.032 (0.275)	0.215 (1.259)	0.046 (1.265)	0.074* (1.675)	0.115* (1.698)
WIa	0.237** (2.174)	0.084 (0.385)	0.263* (1.859)	0.057 (0.511)	0.553*** (2.991)	0.495*** (2.836)	0.037 (0.477)	0.245 (1.090)	0.238 (1.520)
R^2	0.961	0.927	0.980	0.912	0.943	0.952	0.925	0.875	0.950
Log-likelihood	320.348	261.487	366.061	246.947	291.325	306.042	489.342	415.561	521.699

注：***、**和*分别表示在1%、5%和10%的水平上显著。

2. 回归结果分析

在空间邻接权重矩阵下，对分地区样本的 SDM 空间模型进行空间固定效应、时间固定效应和双固定效应的回归，结果如表 5－6 所示。对于东、中、西三大区域样本，双固定效应模型的 R^2 和 Log-likelihood 数值都要大于另外两种模型，说明模型的拟合度较高，且变量估计系数大多显著，故而皆采用双固定效应的 SDM 进行分析。

（1）企业家精神的空间溢出效应。

从估计结果来看：东、中、西三大区域中，被解释变量空间滞后项的回归系数值大于 0，且在 1% 的水平上显著，再次说明企业家精神在三大区域内部存在显著的空间溢出效应，这与全国样本的估算结果一致。但从数值大小来看，区域之间的溢出效应又存在差异，周边省份企业家精神每提高 10%，则东、中、西部区域内本省的企业家精神分别会提升 4.71%、2.37%、4.72%，可见东部与西部提升速度较快，且比较接近，而中部提升速度最慢。这表明，在东部和西部地区，企业家精神的空间关联程度更高，溢出效应更强。

（2）制度环境的影响效应。

同样，这里继续采用 Lesage 和 Pace（2009）[241] 的方法，将分地区样本中各变量对企业家精神的影响效应分解为直接效应和溢出效应，空间邻接矩阵下的效应分析结果如表 5－7 所示。

表 5－7　分地区样本的效应分析结果

变量	东部			中部			西部		
	直接效应	溢出效应	总效应	直接效应	溢出效应	总效应	直接效应	溢出效应	总效应
Fin	0.031** (2.230)	0.010 (0.762)	0.041*** (2.818)	0.034*** (2.681)	0.018 (1.275)	0.052*** (3.546)	0.007 (0.852)	0.018* (1.927)	0.025*** (2.685)
Mar	0.052*** (8.405)	0.035** (2.352)	0.087*** (6.386)	0.007* (1.964)	−0.002 (−0.274)	0.005 (0.516)	0.000 (0.073)	0.001 (0.638)	0.001 (0.687)
Gov	−0.010*** (−5.114)	0.004 (1.504)	−0.006** (−2.292)	−0.005** (−2.156)	0.003 (1.413)	−0.002 (−0.813)	−0.003* (−1.909)	−0.002 (−1.597)	−0.005*** (−3.324)
Cor	−0.067* (−1.663)	−0.121*** (−2.638)	−0.188*** (−3.115)	−0.005 (−0.128)	0.015 (0.366)	0.010 (0.246)	−0.009 (−0.695)	−0.024 (−0.961)	−0.033 (−1.236)

续表

变量	东部			中部			西部		
	直接效应	溢出效应	总效应	直接效应	溢出效应	总效应	直接效应	溢出效应	总效应
Pro	0.019 *** (2.706)	0.026 *** (2.833)	0.046 *** (5.845)	0.003 * (1.746)	0.002 (1.360)	0.005 *** (2.602)	0.001 (0.567)	0.000 (0.110)	0.001 (0.541)
Ipr	0.007 *** (11.067)	-0.006 *** (-6.474)	0.001 (1.332)	0.011 *** (6.480)	-0.001 (-0.262)	0.010 ** (2.436)	0.006 *** (4.739)	0.003 ** (2.407)	0.009 *** (5.577)
Dre	-0.158 * (-1.714)	-0.289 *** (-2.894)	-0.447 *** (-4.589)	-0.073 (-1.007)	0.028 (0.260)	-0.045 (-0.513)	-0.043 (-0.694)	0.072 (1.049)	0.029 (0.256)
Sr	-0.122 (-1.424)	0.215 * (1.879)	0.093 (0.787)	-0.151 * (-1.803)	-0.243 ** (-2.276)	-0.394 *** (-4.194)	0.158 *** (2.605)	0.137 ** (2.431)	0.295 *** (5.098)
Hw	0.419 *** (2.795)	0.378 ** (2.366)	0.797 *** (4.513)	0.211 * (1.738)	0.150 (0.995)	0.361 * (1.819)	0.083 *** (2.858)	0.056 * (1.751)	0.140 *** (4.336)
Ia	0.197 * (1.710)	-0.221 * (-1.898)	-0.024 (-1.582)	-0.079 (-0.747)	-0.427 *** (-2.657)	-0.506 *** (-2.840)	0.189 ** (2.389)	-0.067 (-0.962)	0.122 (1.313)

注：***、**和*分别表示在1%、5%和10%的水平上显著。

1）直接效应。金融发展水平的直接效应在三大区域存在显著差异，其中，在东、中部显著为正，而在西部不显著，可能原因是东、中部地区金融市场发展较为完善，能为企业家的创新创业活动提供充足的资金支持。而在西部地区，一方面，直接融资市场发展缓慢，上市企业较少，众多创新型企业难以上市，也就无法从直接融资市场获取资金；另一方面，金融中介机构服务意识落后，能够享受到信贷支持的企业大多为国有大中型企业，且较多地集中在能源、化工、基础设施等领域，中小企业很难从间接融资市场获得信贷资源，因此无法为创新创业活动提供资金保障。市场自由度的直接效应在三大区域存在显著差异，其中，在东、中部显著为正，而在西部不显著，可能原因是东、中部地区的市场开放程度较高，市场的进入壁垒较低，企业能够更加自由地进入某一领域，这有利于企业家的创新创业活动，而西部地区政府和社会的市场意识相对较为落后，市场开放程度较低，市场进入的壁垒较高，无法对企业家的创新创业活动起到促进作用。政府对企业干预的直接效应在三大区域显著为负，表明无论在哪个区域，政府对企业干预都会抑制企业家精神的发展，这与全国情形一致。地区腐败程度的直接效应在三大区域存在显著差异，其中，在东部显著为负，而在中、西部不显著，可能原因是东部地区市场竞争更为激烈，新进入者若想通过寻租在市场竞争中取得有利地位，就必须付出更高的代价，这极大地增加了新进入者的额外成本，地区腐败程度越深，意味着额外成本就越高，这必然会抑制企业的创新创业活动；而对于中西部地区，市场程度较低，企业家在创新创业过程中，为了避开政府管制，从事寻租活动是一种次优效率，企业付出额外寻租成本，是为了获得更好的服务和更优惠的税收或补贴政策，但这并一定会抑制企业家精神。财产保护强度的直接效应在三大区域存在显著差异，其中，在东、中部显著为正，在西部不显著，可能原因是东、中部政府和社会的法治水平较高，对财产权保护更为重视，保护措施和力度更为完善，也为企业家的创新创业活动解决了后顾之忧；而西部地区法治基础较薄，短期内难以改善，无法对企业家精神的发展起到有效的促进作用。知识产权保护强度的直接效应在三大区域都显著为正，表明无论在哪个区域，知识产权保护力度的加强都会对企业家的创新创业活动产生激励作用，从而有助于企业家精神的发展。老年人口抚养比的直接效应在三大区域存在显著差异，其中，在东部地区显著为负，而在中、西部不显著，可能原因是东部地区老年人口抚养比要高于其他两大区域，东部地区人口老龄化程度更为严重，对创新创业活动已经产生负面影响，有关部门需对这一问题高度重视；而中部地区基本都是人口大省，西部地区本身人口基数较少，且执行计划生育的政策力度较小，目前的人口红利依然存在，人口年龄结构的变化还不足以引起企业家精神的改变。性别比的直接效应在三大区域存在显著差异，其中，在东部地区不显著，在中部地区显著为负，而在西部地区显著为正，可能原因是东部地区是人口流入比较集中的地区，性别比失衡的情况较小，且女性受教育程度水平较高，从事创新、创业活动的比率更高；而在中部地区，是性别失衡最为严重的地区，也是人口流失最多的地区，尤其是男性人口向东部地区的流动，使本地区的创新创业活力下降；而西部地区，创新创业的主体是男性，人口中男性比例的提升会有利于企业家精神的发展。公路密度的直接效应在三大区域都显著为正，表明无论在哪个区域，公路等基础设施的建设和完善，都会为企业家的创新创业活动提供更多的便利。互联网普及率的直接效应在三大区域存在显著差异，在东、西部显著为正，在中部不显著，表明东、西部互联网的发展促进了企业家的创新创业活动，而中部地区这一效果并不显著。

2）溢出效应。金融发展水平的溢出效应在三大区域存在显著差异，其中，在东、中部不显著，而在西部显著为正，表明只有在西部地区内本省的金融发展水平才能促进周边省份企业家精神的提升。市场自由度的溢出效应在三大区域存在显著差异，其中，在东部显著为正，而在中、西部不显著，表明只有在东部地区内本省的市场开放会提升周边省份的企业家精神。政府对企业干预的溢出效应在三大区域内都不显著。地区腐败程度的溢出效应在三大区域存在显著差异，其中，在东部显著为负，而在中、西部不显著，表明只有在东部地区内本省腐败程度的加深会抑制周边省份企业家精神的发展。财产保护强度的溢出效应在三大区域存在显著差异，其中，在东部显著为正，在中、西部不显著，表明只有在东部地区内本省财产保护强度的提升会促进周边省份企业家精神的发展。知识产权保护强度的溢出效应在三大区域存在显著差异，其中，在东部显著为负，在中部不显著，在西部显著为正，表明在东部地区内本省知识产权保护强度的增强会抑制周边省份企业家精神的发展，而在西部地区内的情形恰好与之截然相反。老年人口抚养比的溢出效应在三大区域存在显著差异，其中，在东部地区显著为负，而在中、西部不显著，表明只有在东部地区内本省老年人口抚养比的提高会抑制周边省份企业家精神的发展。性别比的溢出效应在三大区域存在显著差异，其中，在东、西部地区显著为正，在中部地区显著为负，表明在东、西部地区内，本省的性别比提高会有助于周边省份企业家精神的发展，而在中部地区内的情形则与之相反。公路密度的溢出效应在三大区域存在显著差异，其中，在东、西部地区显著为正，在中部地区不显著，表明在东、西部地区内本省的交通基础设施建设会有利于周边省份的企业家精神发展。互联网普及率的溢出效应在三大区域存在显著差异，其中，在东、中部地区显著为负，在西部地区不显著，表明在东、中部地区内本省的电信设施建设会抑制周边省份企业家精神的发展。

（三）稳健性检验

上述分析发现，中国省域企业家精神存在显著的正向空间溢出效应，即周边地区企业家精神的提升会带动本地区企业家精神的发展。各影响因素对企业家精神的作用程度和方向在三大区域之间存在一定的差异。为了检验该结论的稳健性，本书采用空间地理距离权重矩阵替换空间邻接权重矩阵，对原有的模型进行重新估计，经过检验发现，时间固定效应模型的 R^2 和 Log-likelihood 值都要大于空间固定效应和双固定效应模型，说明该模型的拟合度较高，且变量的估计系数大多显著，故将时间固定效应的 SDM 估计结果报告如表 5 - 8 所示。

表 5-8　空间地理距离权重矩阵下的回归结果

变量	全国	东部	中部	西部
ρ	0.139* (1.871)	0.652*** (9.402)	0.236** (2.491)	0.735*** (6.747)
Fin	0.021*** (2.651)	0.064*** (5.701)	-0.001 (-0.039)	0.006 (1.159)
Mar	0.003** (2.063)	0.012** (2.401)	0.007* (1.814)	0.003** (1.991)
Gov	-0.003*** (-3.928)	-0.004** (-2.153)	-0.004*** (-2.932)	-0.002** (-2.530)
Cor	-0.057*** (-2.567)	-0.081 (-0.931)	-0.022 (-0.786)	-0.012 (-0.504)
Pro	0.003** (2.086)	0.004 (0.657)	0.002 (1.157)	0.003* (1.893)
Ipr	0.006*** (16.085)	0.004*** (5.666)	0.008*** (3.988)	0.007*** (5.222)
Dre	-0.241*** (-3.601)	-0.022 (-0.129)	-0.064 (-1.024)	-0.485*** (-7.868)
Sr	-0.121* (-1.806)	-0.241** (-1.987)	-0.206** (-2.175)	0.050 (0.515)
Hw	0.075** (2.373)	0.024 (0.141)	0.338*** (3.763)	0.075*** (3.454)
Ia	0.179*** (3.383)	0.096 (0.769)	0.123 (0.957)	0.365*** (3.745)
WFin	0.034*** (2.796)	-0.016 (-0.756)	-0.027 (-1.526)	-0.021 (-1.120)
WMar	0.024*** (4.827)	0.017 (1.169)	-0.004 (-0.431)	0.017** (2.439)
WGov	0.006*** (2.896)	-0.015*** (-2.787)	-0.003 (-0.980)	0.004 (1.277)

续表

变量	全国	东部	中部	西部
WCor	−0.135*** (−3.132)	−0.323* (−1.927)	−0.066 (−1.327)	0.057 (1.169)
WPro	−0.005 (−1.511)	−0.007 (−0.690)	0.006* (1.956)	−0.003 (−0.636)
WIpr	−0.006*** (−8.097)	−0.002** (−2.004)	−0.005 (−0.978)	0.013** (2.378)
WDre	0.329** (2.464)	−0.310 (−1.043)	−0.210* (−1.814)	0.031 (0.155)
WSr	0.309** (2.337)	0.281 (1.391)	−0.280 (−1.440)	−0.204 (−0.716)
WHw	0.097* (1.787)	−0.330 (−0.898)	0.135 (0.760)	0.142 (1.523)
WIa	0.071 (1.053)	0.989*** (3.003)	0.788*** (2.998)	0.251 (0.764)
R^2	0.951	0.943	0.944	0.844
Log-likelihood	961.322	246.911	253.239	411.416

注：***、**和*分别表示在1%、5%和10%的水平上显著。

对于全国样本，被解释变量空间滞后项的回归系数值大于0，且在10%的水平上显著，再次说明企业家精神在地区之间存在显著的正向空间溢出效应，即本地区的企业家精神会受到周边地区企业家精神的正向带动作用，周边地区企业家精神值每提高10%，则本地区的企业家精神值会提升1.39%。对于分地区样本，在东、中、西三大区域中，值也都大于0，且在1%或者5%的水平上显著，也说明企业家精神在三大区域内部的各省之间均存在显著的正向空间溢出效应，与前文的估算结果一致。同样，在空间地理距离权重矩阵下，将各变量对企业家精神的影响效应分解为直接效应和溢出效应，如表5－9所示。各变量的直接效应和溢出效应的大小和方向大多未发生根本性变化，这表明模型的估计结果具有较强的稳健性。

表5-9 空间地理距离权重矩阵下的效应分析结果

变量	全国		东部		中部		西部	
	直接效应	溢出效应	直接效应	溢出效应	直接效应	溢出效应	直接效应	溢出效应
Fin	0.021*** (2.680)	0.015* (1.692)	0.031*** (2.714)	0.017 (1.102)	0.024* (1.810)	0.028* (1.911)	0.002 (0.216)	0.021** (2.341)
Mar	0.008** (2.299)	0.001 (0.671)	0.032*** (5.144)	0.029* (1.728)	0.007* (1.690)	-0.003 (-0.650)	0.001 (0.313)	0.010*** (3.254)
Gov	-0.001 (-1.087)	0.006*** (3.024)	-0.004** (-2.388)	0.000 (0.139)	-0.005* (-1.951)	0.001 (0.873)	-0.004* (-1.864)	-0.001 (-0.406)
Cor	-0.054** (-2.383)	-0.043** (-2.127)	-0.028 (-0.466)	-0.167** (-2.029)	-0.016 (-0.453)	0.025 (0.523)	-0.023 (-1.607)	-0.034 (-1.554)
Pro	0.002* (1.732)	-0.005 (-1.464)	0.009 (1.430)	0.038*** (3.239)	0.003* (1.921)	0.004 (1.433)	0.001 (1.159)	0.002 (0.992)
Ipr	0.006*** (16.041)	-0.006*** (-7.372)	0.007*** (12.693)	-0.006*** (-7.498)	0.011*** (5.567)	-0.006 (-1.287)	0.006*** (4.462)	0.002 (1.546)
Dre	-0.033 (-0.518)	-0.376** (-2.470)	-0.085 (-0.681)	-0.193 (-1.380)	-0.034 (-0.443)	0.043 (0.293)	-0.055 (-0.830)	0.067* (1.846)
Sr	-0.034 (-0.538)	0.025 (0.461)	-0.156* (-1.931)	0.231** (2.293)	-0.183** (-2.163)	-0.245*** (-2.621)	0.237** (2.121)	0.421*** (3.520)
Hw	0.072** (2.440)	0.097 (1.557)	0.293** (2.264)	0.150* (1.715)	0.210* (1.787)	0.209* (1.727)	0.075*** (3.142)	0.080** (2.353)
Ia	0.179*** (3.517)	0.114 (1.625)	-0.193 (-1.582)	-0.079 (-0.747)	-0.427*** (-2.657)	-0.506*** (-2.840)	0.180*** (2.690)	-0.092 (-1.088)

注：***、**和*分别表示在1%、5%和10%的水平上显著。

四、本章小结

本章首先从新经济地理学的角度阐述了企业家精神的外部性和溢出效应，并采用空间计量模型对此进行实证检验，同时还从经济环境、政治环境、法治水平、人口特征、基础设施等方面探讨影响企业家精神发展的关键因素。得到如下结论：

第一，企业家精神存在显著的正向空间溢出效应，即本地区的企业家精神会受到周边地区企业家精神的正向带动作用。从全国样本来看，周边地区企业家精神值每提高 10%，则本地区的企业家精神值会提升 1.45%。分区域样本来看，周边地区企业家精神值每提高 10%，本地区企业家精神的提升速度在东、中、西三大区域中又存在差异，其中东部与西部提升速度接近，而中部提升速度最慢。

第二，制度环境对本地区企业家精神具有显著的直接影响。其中，从全国样本来看，金融发展水平、市场自由度、财产权保护强度、知识产权保护强度、公路密度、互联网普及率对企业家精神发展具有显著的促进作用，政府对企业的干预、地区腐败程度、性别比对企业家精神发展具有显著的抑制作用，老年人口抚养比的影响还尚未凸显出来。分地区样本来看，在东、中、西三大区域中，制度环境对企业家精神的直接影响效应存在显著差异。

第三，制度环境对其他地区企业家精神具有一定的空间溢出效应。其中，从全国样本来看，金融发展水平、市场自由度、政府对企业干预、公路密度对企业家精神的溢出效应显著为正，地区腐败程度、知识产权保护强度对企业家精神的溢出效应显著为负，财产权保护强度、抚养比、性别比、互联网普及率对企业家精神的溢出效应不显著。分地区样本来看，在东、中、西三大区域中，制度环境对企业家精神的溢出效应存在显著差异。

第六章　企业家精神对区域经济增长的空间溢出效应

关于企业家精神与区域经济增长的关系，国内外众多学者也都从理论和实证方面给予了高度关注，并最终肯定了企业家精神对区域经济增长的重要贡献。但是，国内外的实证研究都存在一定的不足，主要表现在以下三个方面：一是现有文献大多采用创业比率或者专利数等单一指标来衡量企业家精神，难以反映企业家精神内涵的复杂性。二是现有文献通常采用人均 GDP 来衡量经济增长水平，指标数据单一且存在准确性问题（徐康宁等，2015）[252]。三是已有文献并未考虑到企业家精神和经济增长的空间溢出效应，未将空间因素纳入实证范畴，而根据前文的研究结果，企业家精神会产生空间溢出效应，即本地区的企业家精神不仅会对本地区经济增长产生影响，而且可能会对周边地区的经济增长产生影响，若仍然采用传统的计量方法来进行参数估计，难免会使结果产生误差。因此，本章在前文分析的基础上，采用夜间稳定灯光亮度作为经济增长的代理变量，构建空间计量模型，实证检验企业家精神与区域经济增长的关系。

一、研究设计

（一）基本模型设定

本书借鉴 Audretsch 和 Keilbach（2004）[28]的做法，将企业家精神作为经济增长的一个重要源泉，与物质资本、人力资本一起纳入内生经济增长模型。因此，在 Cobb-Douglus 生产函数基础上构建如下基本模型：

$$Y = A \cdot K^{\alpha} H^{\beta} E^{\gamma} L^{1-\alpha-\beta-\gamma} \tag{6-1}$$

其中，Y 为经济总产出，A 为技术水平，K 为物质资本存量，H 为人力资本存量，E 为企业家精神，L 为劳动力数量。根据卢卡斯的观点，人力资本不仅取决于数量，还取决于质量。

根据式（6－1），可以进一步变化为：

$$\frac{Y}{L}=A\cdot\left(\frac{K}{L}\right)^{\alpha}\left(\frac{H}{L}\right)^{\beta}\left(\frac{E}{L}\right)^{\gamma} \tag{6-2}$$

对式（6－2）两边同时取对数，可得到：

$$\ln\left(\frac{Y}{L}\right)=\ln A+\alpha\ln\left(\frac{K}{L}\right)+\beta\ln\left(\frac{H}{L}\right)+\gamma\ln\left(\frac{E}{L}\right) \tag{6-3}$$

根据式（6－3）可设定回归方程的基本形式为：

$$y_{it}=\alpha_0+\alpha_1k_{it}+\alpha_2h_{it}+\alpha_3e_{it}+\alpha_4x_{it}+\varepsilon_{it} \tag{6-4}$$

其中，各变量的下标 i 表示省份，t 表示年份，y_{it} 表示产出的对数，k_{it} 表示物质资本存量的对数，h_{it} 表示人力资本存量的对数，e_{it} 表示企业家精神，x_{it} 为控制变量。

（二）空间计量模型构造

由于企业家精神和经济增长都存在空间溢出效应，那么地区在时期的经济增长不仅受到本地区企业家精神的影响，还受到邻近地区企业家精神溢出效应的影响，且影响程度与任意两地之间的空间距离相关。因此，根据 Anselin（1988）[253] 和 Elhorst（2012）[240] 等学者关于空间相关性的设定，进一步构造如下空间计量模型：

$$y_{it}=\alpha+\rho w_{ij}y_{it}+\beta x_{it}+\theta w_{ij}x_{it}+\varepsilon_{it} \tag{6-5}$$

式（6－5）为空间杜宾模型（SDM），同时考虑了被解释变量和解释变量的空间溢出效应，其中 w_{ij} 为空间权重矩阵，在本章中同样采用空间邻接权重矩阵和空间地理距离权重矩阵，具体定义方法与第五章中一致；x_{it} 为包含企业家精神在内的解释变量。

为了控制其他因素对经济增长的影响，我们还加入了一些制度变量和人口变量，如外商直接投资比重、政府支出比重、人口出生率和老年人口抚养比等（李杏，2011）[254]。

（三）变量说明

1. 被解释变量

经济增长（SL）。在现有文献中通常采用人均 GDP 来反映经济增长情况。然而，该指标是主观统计的结果，存在测量误差、人为调整等诸多因素的干扰，在真实性方面受到不少学者的质疑（Hodler and Raschky，2014[255]；徐康宁等，2015[252]；陈思霞等，2017[256]）。因此，本章将采用卫星采集的夜间稳定灯光数据来衡量经济增长情况。近些年来，由于长时间序列的夜间稳定灯光亮度数据具有时效性、经济性和空间性，被广泛用于城市扩张、人口活动、碳排放、经济发展等领域的研究，且具有良好的替代性（Henderson et al.，2012[257]；范子英等，2016[258]；陈思霞等，2017[256]）。

夜间灯光数据是由美国国家海洋和大气管理局（NOAA）根据卫星获取的夜间灯光影像发布的，从 1992 年开始，目前数据发布截止到 2013 年。该影像是由美国国防气象卫星所搭载的业务型扫描传感器所拍摄，通常称之为 DMSP/OLS 夜间灯光数据。本书利用 Arcgis 软件提取 2001 ~ 2013 年连续的省级层面的稳定灯光亮度值。在不同的年份，这些影像由不同的卫星拍摄得到，如 1992 ~ 1994 年的 F10 卫星、1994 ~ 1999 年的 F12 卫星、1997 ~ 2003 年的 F14 卫星、2000 ~ 2007 年的 F15 卫星、2004 ~ 2009 年的 F16 卫星、2010 ~ 2013 年的 F18 卫星等。但该数据也具有一些问题：一是由于大气层、太阳光等自然条件，以及传感器灵敏度等因素的影响，不同传感器在相同年份采集的影像有所不同，主要表现为亮值像元的灯光亮度（DN）值总和不相等，相同地理位置像元的 DN 值不同。二是相同卫星在不同年份所采集的影像有所不同，如 F16 卫星在 2004 ~ 2009 年，所采集的影像像元总数量存在上下波动，不具有一致性。三是由于去除了月光、火及油气燃烧等偶然因素的干扰，稳定灯光数据应用最为广泛，但其像元的 DN 值范围为 0 ~ 63，取值范围存在上限，即众多大城市核心区域的 DN 值都为 63，形成了像元的集聚区，这表明出现了饱和现象（Elvidge et al.，2009）[259]，这会导致该地区的灯光亮度值低于真实 DN 值，从而在使用该指标时会出现误差。因此，在采用该灯光数据时必须进行适当的校正。本书借鉴曹子阳等（2015）[260] 的做法，采用一种稳定目标地区法对影像进行校正。具体的校正流程如图 6－1 所示：

（1）饱和校正。

为了有效地校正灯光数据 DN 值，避免其出现饱和问题，需首先利用非饱和值的灯光数据，作为校正的参照标准。在 NOAA 公布的八期数据中，DN 值并无固定的上限，故而可以有效解决饱和问题。参考曹子阳等（2015）[260] 的做法，选取 F16 卫星在 2006 年获取的影像作为参照标准。同时，在校正时还需要选取一个相对稳定的目标地区，对原始数据进行相互校正。同样根据曹子阳等

(2015)[260]的做法，目标地区的选取对象为黑龙江省鹤岗市，主要是因为该地区的社会经济发展指标的变动幅度不大，处于稳定阶段，且 DN 值的分布范围较广。在完成上述程序之后，进行如下步骤：首先，提取 2001 ~2013 年鹤岗市的相关数据，以稳定灯光数据中的 DN 值为因变量，辐射定标数据中的 DN 值为自变量，建立如下校正模型：

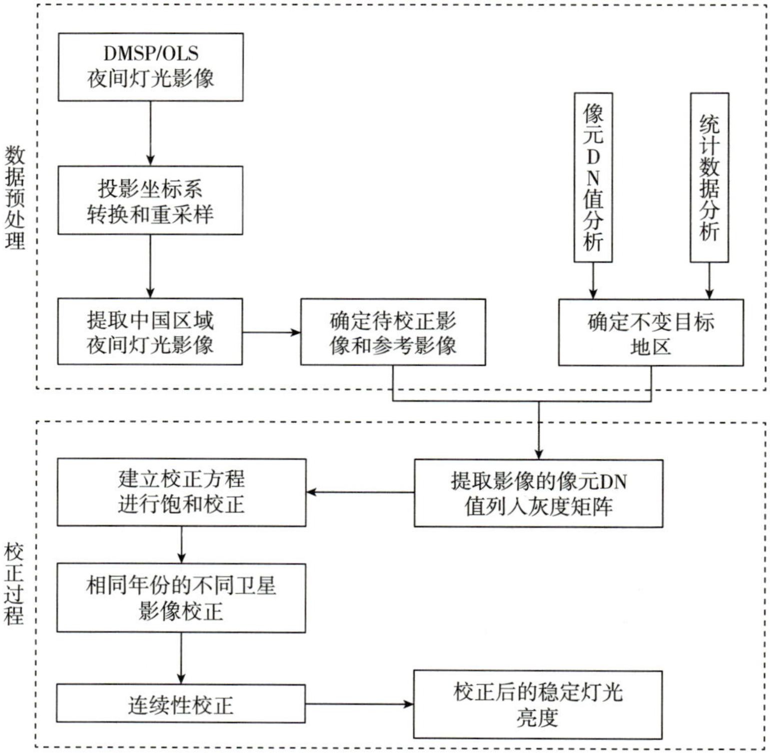

图 6 -1　影像校正流程

$$DN_{r,hg,s-t} = a \times DN^{b}_{r,hg,16-2006} + \varepsilon \quad (6-6)$$

式（6 -6）中的 a、b 是校正参数。由于鹤岗市有多组数据，那么通过回归即可得到多组 a、b 估计值，其他地区就可以利用该参数进行校正。以地区 i 为例，以 F16 卫星在 2006 年采集的影像像元的 DN 值为自变量，代入 s 卫星 t 年的 a、b 值，则可获得地区 i 在 s 卫星 t 年中的影像像元的 DN 值，如下：

$$DN_{r,i,s-t} = a \times DN^{b}_{r,i,16-2006} + \varepsilon \quad (6-7)$$

其中，经过重新计算和修正的DN值，既能避免饱和问题，又能解决卫星与年份的差异性问题。

（2）相同年份的不同卫星影像校正。

在某些年份中，如1997～1999年、2000～2003年，两颗卫星同时采集却得到不同的观测值，这就要求对其进行处理，以得到相互统一的数据。假设在某个年份中，有卫星A和B，则该年份影像像元的DN值计算如下：

$$DN_{r,t}=\begin{cases}0 & DN_{r,t}^{A}=0 \text{ 或 } DN_{r,t}^{B}=0\\ (DN_{r,t}^{A}+DN_{r,t}^{B})/2 & \text{其他}\end{cases} \tag{6-8}$$

其中，$DN_{r,t}^{A}$和$DN_{r,t}^{B}$都是经过饱和校正后的数据。如果在某个年份中，任意一颗卫星未采集到灯光数据，则该年份的影像像元的DN值为0。如果两颗卫星皆能采集到灯光数据，则该年的DN值取其算术平均值。

（3）连续性校正。

经过以上两道程序的校正处理，尽管避免出现DN值饱和、相同年份的不同卫星影像等现象。但相同地区的DN值在不同年份剧烈震荡的现象仍然存在，比如在t年有DN值的地区，到了$t+1$年DN值就为0或者小于t年的DN值。这对于经济快速发展的中国来说，是不符合现实情形的，这可能是产生了误差。因此，对于上述两种异常现象，采用如下处理方式：对于t年DN值不为0，而$t+1$年DN值为0的，则认为其DN值始终为0；对于$t+1$年DN值小于t年的情形，则用t年的DN值替代$t+1$年的数值。对于其他正常情形，采用原始值。校正公式如下：

$$DN_{r,t}=\begin{cases}0 & DN_{r,t+1}=0\\ DN_{r,t-1} & \text{当 } DN_{r,t+1}>0 \text{ 且 } DN_{r,t-1}>DN_{r,t}\\ DN_{r,t} & \text{其他}\end{cases} \tag{6-9}$$

经过上述三道程序的处理，校正后的稳定灯光数据具有良好的连续性、可比性，并避免DN值的饱和问题，这为本章的后续实证研究提供了良好的基础。2001年和2013年灯光亮度较高的地区主要集中在长三角、珠三角、京津冀等东部沿海省份，而广袤的西部地区基本是一片黑暗，这反映出区域之间存在巨大的发展差距。从时间趋势来看，尽管中西部大部分地区仍然亮度较低，但与2001年相比，2013年的灯光亮度明显有所提升，尤其以西安、成都、武汉为核心的城市群。

2. 解释变量

企业家精神（E）：采用第四章中计算得到的综合指标值，由于目前夜间稳定灯光数据截止时间为2013年，因此采用2001～2013年中国省域的面板数据。

物质资本（K）：物质资本的增加是经济增长的直接源泉，用人均资本存量的对数来表示。借鉴张军等（2004）[261]的估算方法，采用永续盘存法来计算省际资本存量。

人力资本（L）：一个地区人口受教育程度越高，意味着人力资本就越丰富，对经济增长的促进作用就越显著（Doms et al.，2010）[136]。故采用平均受教育年限的对数来衡量，计算公式如下：

$$\bar{H} = \sum_{i=1}^{7} H_{it} \times h_i \tag{6-10}$$

其中，$\bar{H}_t$ 表示 t 年就业人员平均受教育年限，$i=1$，2，3，4，5，6，7 分别表示文盲、小学、初中、高中、大专、大学本科、研究生7个教育程度，h_i 表示第 i 级的教育年限，分别表示为0年、6年、9年、12年、15年、16年、19年，H_{it}表示第 t 年第 i 级受教育人口占比。

3. 控制变量

政府支出规模（Gov）：反映政府对经济的干预力度，通常政府支出的比重越大，对经济干预力度就越大，市场自由度就越低，过度拥挤的政府支出将可能会削弱企业家的创新积极性，从而对经济增长产生阻碍作用（杨子晖，2011）[262]。故采用政府支出占GDP的比重来表示。

对外开放度（Fdi）：对外开放是促进中国经济持续高速增长的重要原因，同时也是提升中国企业技术创新水平，促进企业家精神发展的重要动力，故采用FDI占GDP的比重来表示。

老年人口抚养比（Dre）：年龄结构通常会关乎一个地区的市场容量、消费结构、劳动力供给等，与地区的创新创业活动有着密不可分的关系。老年人更喜欢规避风险，热爱稳定的生活，相对年轻人来说缺乏冒险和创新精神（Kautonen et al.，2014）[132]，且老年人口增加，会降低劳动力的有效供给，不利于经济发展。

出生率（Bir）：在人口越密集的地区，市场规模就越大，企业家的供给和需求就越旺盛，所以更易产生企业家精神，如果抚养孩子的机会成本过大，那么企业家精神也可能会通过人力资本投资对经济增长产生影响。

（四）数据来源与描述性统计

本章的数据主要来源于2002～2014年的《中国统计年鉴》《中国人口和就业

统计年鉴》等，并采用各省份历年统计年鉴对缺失的数据给予补充。对于部分年份年鉴上缺少而又无法得到的数据，采用插值法进行估算得到。由于西藏自治区部分数据缺失，为了使结果更为可靠，故本书的样本只包括 30 个省份（不含西藏、港澳台）。

被解释变量和解释变量的描述性统计如表 6－1 所示。稳定灯光亮度的平均值为 9.808，最大值和最小值分别为 84.052 和 0.109，前者是后者的 840 倍，分别为 2013 年的上海和 2001 年的青海；人均 GDP 的平均值为 19056，最大值和最小值分别为 73784 和 2966，前者是后者的 25 倍，分别为 2013 年的上海和 2001 年的贵州。从以上两组数据可以发现，稳定灯光亮度所反映的区域经济发展差距要远大于用人均 GDP 所反映的差距，而这可能更接近于事实真相，区域发展不均衡远比官方数据所公布的情况更为严重。企业家精神的平均值为 0.189，最大值和最小值分别为 0.800 和 0.044，分别为 2013 年的北京和 2001 年的青海。从其他变量来看，物质资本的平均值为 42926，最大值和最小值分别为 213863 和 5840，分别为 2013 年的天津和 2001 年的内蒙古。人力资本的平均值为 8.327，最大值和最小值分别为 12.028 和 6.04，分别为 2013 年的北京和 2003 年的云南。对外开放度的平均值为 0.022，最大值和最小值分别为 0.1062 和 0.0006，分别为 2002 年的天津和 2005 年的甘肃。政府支出规模的平均值为 0.186，最大值和最小值分别为 0.612 和 0.077，分别为 2012 年的青海和 2001 年的江苏。老年人口抚养比的平均值为 0.375，最大值和最小值分别为 0.576 和 0.193，分别为 2005 年的贵州和 2011 年的上海。出生率的平均值为 0.011，最大值和最小值分别为 0.019 和 0.005，分别为 2001 年的青海和 2003 年的上海。

表 6－1 变量的描述性统计

变量	平均值	标准差	最小值	最大值	样本数
RGDP	19056	13403	2966	73784	390
SL	9.808	15.319	0.109	84.052	390
E	0.189	0.122	0.044	0.800	390
K	42926	33539	5840	213863	390
H	8.327	0.984	6.04	12.028	390
FDI	0.022	0.018	0.0006	0.1062	390
GOV	0.186	0.083	0.077	0.612	390

续表

变量	平均值	标准差	最小值	最大值	样本数
Dre	0.375	0.072	0.193	0.575	390
Bir	0.011	0.003	0.005	0.019	390

二、区域经济增长的空间相关性检验

（一）时空分布特征

利用探索性空间数据分析方法（ESDA）分别描述 2001 年和 2013 年稳定灯光亮度和人均 GDP 的空间分布特征，将样本数值由小到大分成四个等级，稳定灯光亮度的空间分布特征如下：总体上看，灯光亮度的省域分级特征基本保持不变，北京、天津、山东、江苏、上海、广东等省份始终位于第四等级，夜间灯光亮度值最高；在这些第四等级的省份周围，又聚集了多个第二、三等级的省份，而第一等级的省份主要集中于甘肃、青海、新疆、内蒙古、四川、贵州等西部地区，夜间灯光亮度值较低。人均 GDP 的空间分布特征如下：总体上看，人均 GDP 的省域分级特征基本保持不变，北京、天津、江苏、上海、浙江、广东、辽宁等省份位于第四等级，人均 GDP 最高；在这些第四等级的省份周围，又聚集了多个第二、三等级的省份，而第一等级的省份主要集中于青海、甘肃、宁夏、云南、贵州、广西、安徽等中西部地区，人均 GDP 水平较低。由此可以发现，人均 GDP 和夜间灯光亮度在空间分布上具有一致性，都反映出东部省份的经济发展水平要显著强于中西部地区，且整体上形成了以长三角、珠三角和京津冀为核心的“中心—外围”空间分布模式。

（二）全局空间自相关性分析

根据第五章中 Moran’s Ⅰ值的计算方法，2001 ~ 2013 年中国省域稳定灯光亮度和人均 GDP 的全局 Moran’s Ⅰ值如表 6 – 2 所示。从表中可以看出，在考察期内，稳定灯光亮度和人均 GDP 的 Moran’s Ⅰ值均大于 0，且在 1% 的水平上通过显著性检验，拒绝不具有空间相关性的零假设。这表明省域稳定灯光亮度和人均 GDP 的空间分布并非随机，而是存在显著的正向空间相关性，即稳定灯光亮度和人均 GDP 均呈现高—高聚集或低—低聚集的空间分布特征。其中，夜间灯光亮度的 Moran's Ⅰ值呈现不断上升的趋势，这表明越来越多灯光亮度接近的省份具有空间集聚的趋势。人均 GDP 的 Moran's Ⅰ值在 2001 ~ 2006 年呈现上升趋势，在 2007 ~ 2013 年呈现下降趋势。

表 6 – 2　2001 – 2013 年稳定灯光亮度和人均 GDP 全局 Moran's Ⅰ值

年份	*SL*			*RGDP*		
	Moran's Ⅰ	Z-score	P-value	Moran's Ⅰ	Z-score	P-value
2001	0.26612	3.83	0.000	0.45738	5.85	0.000
2002	0.27393	3.98	0.000	0.46284	5.97	0.000
2003	0.28081	4.12	0.000	0.47319	6.16	0.000
2004	0.28169	4.13	0.000	0.47800	6.28	0.000
2005	0.28309	4.16	0.000	0.48280	6.38	0.000
2006	0.28922	4.28	0.000	0.48686	6.43	0.000
2007	0.29942	4.46	0.000	0.48409	6.36	0.000
2008	0.30657	4.58	0.000	0.47812	6.26	0.000
2009	0.30783	4.60	0.000	0.46868	6.11	0.000
2010	0.31059	4.65	0.000	0.45779	5.88	0.000
2011	0.31948	4.78	0.000	0.44044	5.57	0.000
2012	0.32359	4.85	0.000	0.42663	5.33	0.000
2013	0.33812	5.13	0.000	0.41559	5.14	0.000

（三）局部空间自相关性分析

2001 年和 2013 年稳定灯光亮度的 Moran 散点分布如图 6 – 2、图 6 – 3 所示。位于第一和第三象限的省份较多，即稳定灯光亮度高—高相邻或者低—低相邻的省份较多，占据全国的大部分。这进一步验证了省域稳定灯光亮度的空间分布存在正相关性。从 Moran 散点图所包含的空间特征可以发现，北京、天津、江苏、上海、浙江、广东等省始终位于第一象限，皆为东部沿海省份，形成了稳定灯光亮度的高集聚区域。青海、甘肃、新疆、宁夏、四川、重庆、贵州、云南、广西、湖南、湖北、河南、山西等省始终位于第三象限，形成了稳定灯光亮度的低集聚区域，这些省份都位于中西部地区，经济发展较为落后。山东、辽宁、黑龙江等省位于第四象限，表明这两个省的稳定灯光亮度在相邻省份中较高。而河北、安徽、江西等省始终位于第二象限，是一个稳定灯光亮度的“洼地”，表明在其周边区域内，稳定灯光亮度值较高，经济较为发达。2001 年和 2013 年人均 GDP 的 Moran 散点图如图 6－4 和图 6－5 所示，可以发现，人均 GDP 的聚集特征与稳定灯光亮度基本一致。

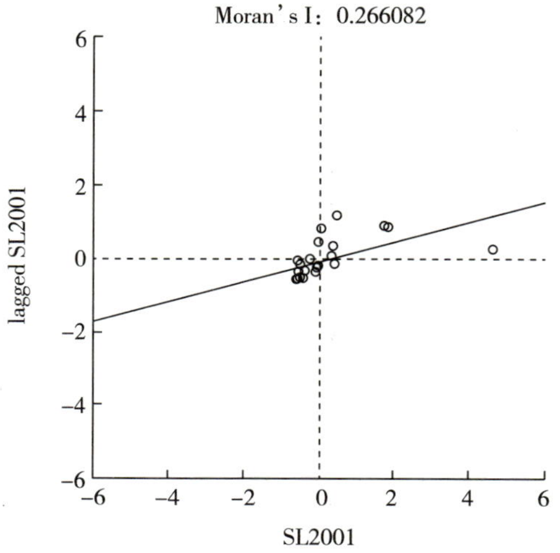

图 6－2　2001 年稳定灯光亮度 Moran 散点图

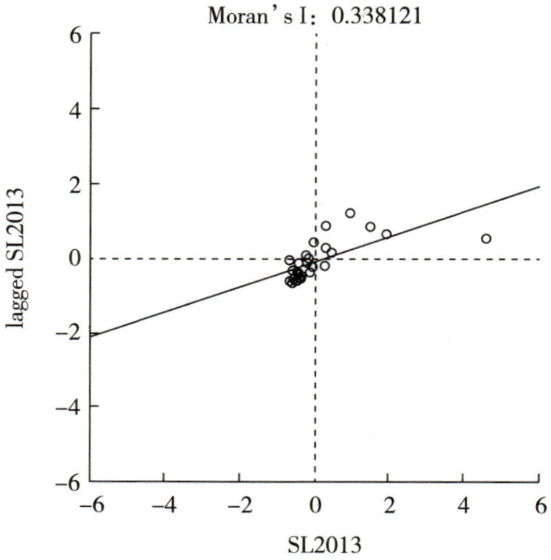

图 6－3　2013 年稳定灯光亮度 Moran 散点图

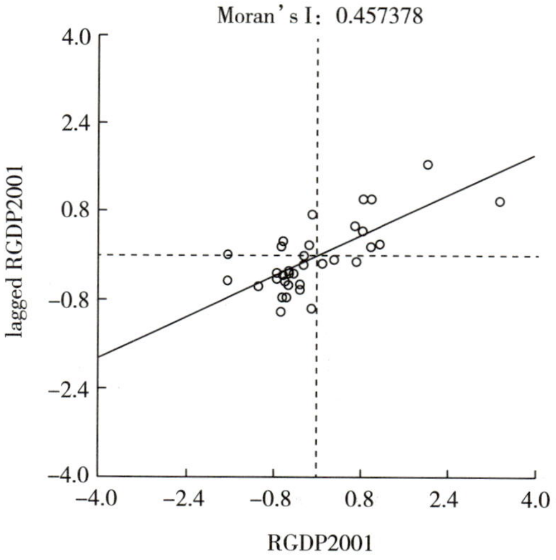

图 6－4　2001 年人均 GDP Moran 散点图

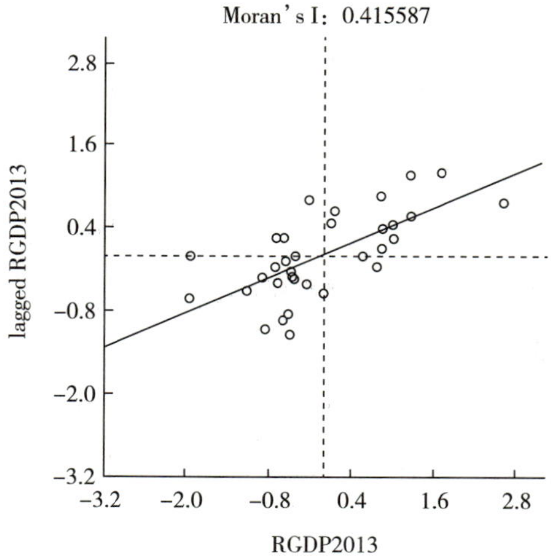

图 6－5　2013 年人均 GDP Moran 散点图

三、实证结果与分析

（一）全国样本分析

1. LR 和 Wald 检验

本书将利用 LR 和 Wald 检验，来判断在空间邻接权重矩阵和空间地理距离权重矩阵下，应该采用哪种模型更为合适，结果如表 6 –3 所示。LR 和 Wald 检验都显示，对于以稳定灯光亮度为因变量的回归模型，第一个假设（$H_0^1: \gamma=0$）和第二个假设（$H_0^2: \gamma+\delta\cdot\beta=0$）均在 1% 的显著水平上被拒绝，即空间滞后模型（SAR）和空间误差模型（SEM）都不适合，因此，在估算时采用空间杜宾模型（SDM）。

表 6 –3　LR 和 Wald 检验

检验	空间邻接权重矩阵		空间地理距离权重矩阵	
	统计值	P 值	统计值	P 值
LR Spatial lag	58. 358	0. 000	26. 723	0. 000
LR Spatial error	50. 814	0. 000	24. 261	0. 000
Wald Spatial lag	127. 209	0. 000	175. 558	0. 000
Wald Spatial error	112. 308	0. 000	152. 309	0. 000

2. 回归结果分析

在空间邻接权重矩阵下，以稳定灯光亮度为被解释变量，对 SDM 空间模型进行回归，Hausman 检验结果显示，随机效应模型在 1% 的显著水平上被拒绝，应当采用固定效应模型。OLS、无固定效应、空间固定效应、时间固定效应和双固定效应的回归结果如表 6 –4 所示。空间固定效应模型的 R^2 和 Log-likelihood 数值都要大于另外两种模型，说明模型的拟合度较高，且变量的估计系数大多显著，故而采用空间固定效应的 SDM 进行分析。

表 6-4 全国样本回归结果

变量	OLS	无固定	空间固定	时间固定	双固定
Intercept		-9.144*** (-6.578)			
E	0.279*** (3.692)	0.188*** (3.912)	0.147** (2.208)	0.140*** (3.863)	0.103* (1.824)
K	0.439*** (3.709)	0.213** (2.239)	0.208*** (17.315)	0.331*** (3.247)	0.179*** (10.837)
H	3.857*** (6.290)	3.262*** (6.267)	0.692*** (7.140)	3.831*** (7.139)	0.814*** (8.155)
FDI	8.830*** (3.555)	3.739* (1.726)	0.717** (2.462)	1.940* (1.866)	0.601** (2.151)
GOV	-6.178*** (-11.223)	-3.418*** (-6.216)	-0.445*** (-4.902)	-3.463*** (-6.328)	-0.363*** (-3.208)
Dre	-5.633*** (-5.738)	-4.448*** (-5.401)	-0.380*** (-3.792)	-5.276*** (-6.336)	-0.451*** (-4.443)
Bir	0.036 (1.499)	0.031* (1.754)	0.003 (1.079)	0.036* (1.850)	0.004* (1.772)
ρ		0.271*** (4.578)	0.685*** (17.540)	0.261*** (4.524)	0.518*** (10.738)
WE		0.660 (0.894)	0.036 (0.360)	1.108 (1.485)	0.132* (1.791)
WK		0.110 (0.983)	-0.177*** (-11.723)	0.188 (1.351)	-0.182*** (-11.567)
WH		-0.230 (-0.423)	-0.461*** (-3.505)	-0.547 (-0.821)	-0.211 (-1.008)
WFDI		0.871 (1.096)	1.118* (1.692)	1.316 (0.285)	1.354* (1.945)
WGOV		-2.947*** (-3.208)	-0.094 (-0.710)	-2.947*** (-3.058)	-0.022 (-0.143)
WDre		2.761** (2.301)	-0.349 (-1.452)	-3.508*** (-2.854)	-0.642*** (-3.773)
WBir		-0.179*** (-4.559)	-0.005 (-1.180)	-0.062 (-1.362)	-0.003 (-0.781)
R^2	0.731	0.828	0.979	0.837	0.912
Log-likelihood	395.177	314.729	695.124	307.716	642.026

注：***、**和*分别表示在1%、5%和10%的水平上显著。

（1）区域经济增长的空间溢出效应。

从表6－4中的估计结果来看，被解释变量空间滞后项的回归系数值大于0，且在1%的水平上显著，表明区域经济增长存在显著的正向空间溢出效应，验证了前文中的假设H3。这也意味着本地区的经济增长会受到周边地区经济增长的正向带动作用，周边地区经济增长每提高10%，则本地区的经济增长会提升6.85%。这可能是由于人口、资本等生产要素资源的跨区域流动，以及知识和技术的空间转移，会加强区域之间的经济关联，产生经济增长的空间溢出效应，从而使发达地区对落后地区的经济发展能起到带动作用，这与潘文卿（2012）[227]、李敬等（2014）[228]学者的研究结论是一致的。同时，这也表明采用稳定灯光亮度作为经济增长的代理变量是合适的。这也意味着如果进行跨区域的协作，推动区域一体化发展，实行生产要素的共享共用，将会有力地促进地区经济发展。

（2）企业家精神对区域经济增长的影响效应。

在非空间计量模型中，企业家精神的估计系数就表示了企业家精神对区域经济增长的边际效应，但在空间模型中并非如此，由于存在空间相关性，企业家精神对区域经济增长的总效应不可能等于企业家精神的估计系数，这主要是因为，企业家精神不仅会直接影响本地区的区域经济增长，而且还会对周边地区经济增长产生影响，从而通过反馈效应影响本地区的经济增长，对于估计系数的解释更为复杂。因此，本书将继续采用Lesage和Pace（2009）[241]的方法，对企业家精神对区域经济增长的影响效应分解为区域内的直接效应和区域间的溢出效应。空间邻接矩阵下的效应分析结果如表6－5所示。

表6－5 全国样本的效应分析结果

变量	直接效应	溢出效应	总效应
E	0.178** (2.300)	0.410** (2.292)	0.588* (1.911)
K	0.166*** (9.199)	－0.172*** (－4.818)	－0.006 (－0.122)
H	0.901*** (7.995)	1.221*** (2.938)	2.123*** (4.406)
FDI	0.448* (1.743)	2.065 (1.430)	2.513* (1.972)

续表

变量	直接效应	溢出效应	总效应
GOV	-0.389*** (-3.251)	-0.334 (-0.993)	-0.724* (-1.785)
Dre	-0.434*** (-3.915)	-0.235 (-0.500)	-0.669*** (-3.377)
Bir	0.008*** (3.088)	-0.011 (-1.157)	-0.003 (-1.448)

注：***、**和*分别表示在1%、5%和10%的水平上显著。

1）直接效应。企业家精神的直接效应显著为正，表明企业家精神是促进本地区经济发展的重要力量，这主要是因为企业家通过发挥企业家精神，整合经济发展所必需的要素资源——人才、资金、土地等，并通过对相关资源的高效配置，实现区域经济快速增长。在不考虑空间因素影响的OLS估计中，企业家精神的估计系数为0.279，显著大于直接效应的0.178，这超出的部分可能来自其他地区的反馈效应，而在OLS估计中并未加以考虑和剔除，这进一步表明在参数估计中若不考虑空间因素的作用，将可能会使结果产生偏差。

2）溢出效应。企业家精神的溢出效应显著为正，表明企业家精神的发展，不仅能促进本地区经济增长，而且还能带动周边地区的经济增长。这主要原因可能是，企业家精神和经济增长都存在空间自相关。一方面，与传统生产要素相比，企业家精神具有稀缺性和追求利润最大化的本质特征，会由边际收益率较低的地区向较高地区转移，企业家精神跨区域间的流动，会产生正向的外溢效应，促进了资本、人才、技术等要素资源的共享共用，从而带动了其他地区的经济增长。另一方面，企业家精神是一种重要的要素资源，会促进本地区经济的内生增长，在区域经济活动的空间关联作用下，又带动了其他地区的经济增长。

综上，假设H5得到验证，即企业家精神在对本地区经济增长产生正向直接效应的基础上，还会对其他地区经济增长产生正向空间溢出效应。

（3）其他变量对区域经济增长的影响效应。

同样继续采用Lesage和Pace（2009）[241]的方法，将其他变量对区域经济增长的影响效应分解为直接效应和溢出效应。空间邻接矩阵下的效应分析结果如表6-5所示。

1）直接效应。从其他主要影响因素来看，物质资本的直接效应显著为正，人力资本的直接效应显著为正，这都验证了物质资本和人力资本是经济增长的内生动力。FDI的直接效应显著为正，表明外商直接投资是区域经济增长的动力。国际投资理论认为，外商直接投资为东道国带来了先进的生产技术、管理经验和资本，对经济增长产生了正向的溢出作用。政府支出规模的直接效应显著为负，这表明在目前的体制下，政府对经济的过多干预已经起到了负面作用。可能原因是随着政府规模的扩大，“有形的手”会抓得更紧，加强对要素资源的约束和控制，无法为企业提供正面激励，削弱企业家的创新积极性，造成低效的资源配置和价格扭曲，破坏市场经济秩序，这都会损害经济增长。老年抚养比的直接效应显著为负，这表明日益严重的老龄化问题所产生的负面效应会阻碍中国经济增长，可能原因是老龄化会导致劳动力和资本供给减少，市场消费需求下降，进而抑制技术进步和创新，最终阻碍企业家精神的产生与发展。出生率的直接效应显著为正，表明人口增长是促进经济增长的重要动力，可能原因是中国仍处于发展中阶段，劳动年龄人口占总人口比重较大，人口红利尚未消失。

2）溢出效应。物质资本的溢出效应显著为负，这表明本地区物质资本投入会给周边地区的经济增长产生负面影响，这可能是因为核心区的资本投入会对周边地区产生虹吸效应，随着核心地区投入增加，周边地区的人才、资本也会随之向核心区流动，所以会对周边地区的经济发展产生负面作用。人力资本对经济增长的溢出效应显著为正，这表明本地区的人力资本提升会促进周边地区的经济增长，这可能是随着区域之间的人才流动，产生技术溢出和人力资本溢出。FDI的溢出效应不显著，表明本地区的外商直接投资不会对周边地区的经济发展产生影响。政府支出规模的溢出效应不显著，表明本地区的政府支出规模不会对周边地区的经济发展产生影响。老年人口抚养比的溢出效应均不显著，表明本地区的老年人口抚养比的变化不足以对周边地区的经济增长产生影响。出生率的溢出效应不显著，表明本地区的出生率变化不足以对周边地区的经济增长产生影响。

（二）分地区样本分析

1. LR和Wald检验

对于分地区样本，本书将继续利用LR和Wald检验，来判断在空间邻接权重矩阵和空间地理距离权重矩阵下，应该采用哪种模型更为合适，结果如表 6 - 6 所示。LR 和 Wald 检验都显示，在东、中、西三大区域中，对于以稳定灯光亮度为因变量的两种回归模型，第一个假设（H^0: $\gamma=0$）和第二个假设（H_0^2: $\gamma+\delta\cdot\beta=0$）均在 1% 的显著水平上被拒绝，即空间滞后模型（SAR）和空间误差模型（SEM）都不适合。因此，对于三大区域，在估算时我们均采用空间杜宾模型（SDM）。

表 6 - 6　分地区样本 LR 和 Wald 检验

检验		空间邻接权重矩阵		空间地理距离权重矩阵	
		统计值	P 值	统计值	P 值
东部	LR Spatial lag	91.112	0.000	67.693	0.000
	LR Spatial error	87.092	0.000	61.239	0.000
	Wald Spatial lag	108.074	0.000	87.422	0.000
	Wald Spatial error	95.425	0.000	79.047	0.000
中部	LR Spatial lag	87.037	0.000	58.635	0.000
	LR Spatial error	81.186	0.000	50.147	0.000
	Wald Spatial lag	120.851	0.000	80.060	0.000
	Wald Spatial error	109.562	0.000	71.269	0.000
西部	LR Spatial lag	90.123	0.000	55.949	0.000
	LR Spatial error	82.375	0.000	48.073	0.000
	Wald Spatial lag	130.601	0.000	66.720	0.000
	Wald Spatial error	118.406	0.000	59.684	0.000

2. 分地区样本回归结果分析

在空间邻接权重矩阵下，以稳定灯光亮度为被解释变量，对分地区样本的 SDM 空间模型进行空间固定效应、时间固定效应和双固定效应的回归，结果如表 6 - 7 所示。对于东、中、西三大区域样本，双固定效应的 R^2 和 Log-likelihood 数值都要大于另外两种模型，说明模型的拟合度较高，且变量的估计系数大多显著，故而皆采用双固定效应的 SDM 进行分析。

表 6－7　分地区样本回归结果

变量	东部			中部			西部		
	空间固定	时间固定	双固定	空间固定	时间固定	双固定	空间固定	时间固定	双固定
E	0. 311 *** (3. 913)	1. 171 *** (2. 781)	0. 305 *** (3. 498)	0. 557 (1. 241)	4. 615 ** (2. 375)	0. 615 ** (2. 075)	0. 146 (0. 953)	8. 698 *** (6. 551)	0. 372 ** (2. 392)
K	0. 232 *** (8. 299)	0. 623 *** (11. 631)	0. 212 *** (6. 683)	0. 154 *** (2. 748)	1. 187 ** (2. 358)	0. 410 *** (5. 592)	0. 139 *** (9. 770)	0. 705 *** (5. 058)	0. 126 *** (8. 218)
H	0. 210 (1. 436)	0. 987 (0. 254)	0. 321 (1. 562)	0. 911 *** (2. 635)	3. 574 ** (2. 203)	1. 056 *** (4. 510)	0. 332 *** (3. 693)	4. 645 *** (6. 638)	0. 160 * (1. 791)
FDI	0. 808 *** (2. 622)	6. 943 *** (3. 096)	0. 797 ** (2. 569)	2. 144 (1. 479)	4. 094 *** (7. 041)	4. 451 *** (4. 799)	0. 341 (0. 716)	4. 369 *** (8. 671)	0. 667 (1. 507)
GOV	－0. 252 (－1. 201)	－1. 749 (－1. 508)	－0. 431 (－1. 608)	－0. 028 (－0. 042)	－1. 479 (－0. 495)	－1. 098 ** (－2. 247)	－0. 322 *** (－3. 914)	－6. 390 *** (－9. 167)	－0. 216 ** (－2. 230)
Dre	－0. 064 (－0. 410)	－3. 254 ** (－3. 004)	－0. 109 * (－1. 823)	－0. 367 (－1. 001)	－0. 772 (－0. 326)	－1. 416 *** (－5. 522)	0. 153 (1. 344)	1. 653 (1. 577)	0. 142 (1. 284)
Bir	0. 006 * (1. 823)	0. 012 (0. 379)	0. 011 ** (2. 042)	0. 009 (0. 824)	0. 119 * (1. 819)	0. 040 *** (4. 450)	0. 007 *** (3. 070)	0. 139 *** (6. 000)	0. 004 ** (2. 073)
ρ	0. 324 *** (4. 629)	0. 287 *** (3. 899)	0. 246 *** (3. 319)	0. 236 *** (2. 696)	0. 236 *** (2. 691)	0. 236 *** (2. 700)	0. 612 *** (10. 577)	0. 451 *** (4. 362)	0. 276 *** (3. 116)
WE	0. 383 *** (3. 671)	1. 923 *** (2. 762)	0. 422 *** (3. 048)	0. 941 (1. 459)	6. 172 (1. 494)	1. 241 *** (2. 580)	0. 339 (1. 069)	1. 738 *** (2. 682)	0. 863 *** (2. 604)

续表

变量	东部			中部			西部		
	空间固定	时间固定	双固定	空间固定	时间固定	双固定	空间固定	时间固定	双固定
WK	-0.158***	-0.532	-0.210***	0.133**	1.491**	0.410***	-0.001	-2.601***	-0.064
	(-4.379)	(-1.508)	(-3.069)	(2.445)	(2.469)	(5.198)	(-0.051)	(-7.298)	(-1.579)
WH	-0.111	-6.555***	-0.144	0.269	1.925	0.799**	-0.407***	-3.894*	-0.536**
	(-0.598)	(-5.331)	(-0.520)	(0.720)	(0.678)	(2.152)	(-3.604)	(-1.963)	(-2.165)
WFDI	-0.215	-1.397	-0.341	-3.707*	-4.915***	-0.361	-2.723***	-1.186	-4.417***
	(-0.401)	(0.339)	(-0.614)	(-1.700)	(-4.801)	(-0.230)	(-3.196)	(-1.229)	(-4.616)
WGOV	-1.504***	-7.380***	-0.818*	-2.470***	-0.652	-0.520	-0.399***	-6.079***	-0.382*
	(-4.327)	(-3.822)	(-1.787)	(-2.850)	(-0.573)	(-0.610)	(-3.792)	(-3.748)	(-1.877)
WDre	0.004	0.619	0.319	-0.957**	-7.009**	-0.905**	-0.355*	-7.386***	-0.015
	(0.026)	(0.317)	(1.471)	(-2.332)	(-2.192)	(-2.522)	(-1.916)	(-2.761)	(-0.055)
WBir	-0.006	-0.014	-0.001	0.050***	0.348***	0.011	0.007**	0.030	0.024***
	(-1.091)	(-0.677)	(-0.213)	(3.546)	(3.898)	(0.843)	(2.110)	(0.592)	(4.651)
R^2	0.991	0.879	0.998	0.991	0.671	0.996	0.999	0.892	0.999
Log - likelihood	278.056	16.836	308.664	268.537	98.472	275.873	333.902	31.202	357.611

注：***、**和*分别表示在1%、5%和10%的水平上显著。

（1）区域经济增长的空间溢出效应。

从估计结果来看，在三大区域中，被解释变量空间滞后项的回归系数值 ρ 均大于0，且在1%的水平上显著，再次说明在三大区域中，经济增长在区域内部存在显著的正向空间相关性，这与全国样本的情形一致。但从数值大小来看，区域之间又存在差异，如周边地区经济增长每提高10%，则本地区的经济增长分别会提升2.46%、2.36%、2.76%，其中西部提升幅度稍大、东部次之，中部最小。

（2）企业家精神对区域经济增长的影响效应。

同样，继续采用 Lesage 和 Pace（2009）[241] 的方法，将分地区样本中企业家精神及其他变量对区域经济增长的影响效应分解为直接效应和溢出效应，空间邻接矩阵下的效应分析结果如表6－8所示。

表6－8 分地区样本的效应分析结果

变量	东部			中部			西部		
	直接效应	溢出效应	总效应	直接效应	溢出效应	总效应	直接效应	溢出效应	总效应
E	0.367*** (4.016)	0.619*** (3.425)	0.986*** (3.925)	0.469* (1.774)	1.024** (2.372)	1.493*** (2.849)	0.454*** (2.629)	1.306*** (2.773)	1.760*** (2.938)
K	0.193*** (5.530)	−0.194** (−2.336)	−0.001 (−0.007)	0.371*** (5.460)	0.296*** (4.287)	0.667*** (5.764)	0.123*** (7.170)	−0.040 (−0.731)	0.083 (1.283)
H	0.340 (1.582)	0.242 (0.693)	0.582 (1.234)	0.970*** (3.826)	0.522 (1.436)	1.492*** (4.220)	0.126* (1.735)	−0.635* (−1.800)	−0.509 (−1.145)
FDI	0.779** (2.321)	−0.198 (−0.280)	0.581 (0.617)	4.578*** (4.702)	−0.630 (−0.435)	3.948*** (2.819)	0.704 (1.545)	0.561 (1.086)	1.265** (2.311)
GOV	−0.242 (−1.230)	−0.841 (−1.468)	−1.183** (−2.396)	−1.056* (−2.027)	−0.244 (−0.306)	−1.300 (−1.478)	−0.189* (−1.756)	−0.423 (−1.497)	−0.612** (−2.255)
Dre	−0.112* (−1.859)	−0.405* (−1.786)	−0.517* (−1.970)	−1.328*** (−4.779)	−0.531 (−1.516)	−1.859*** (−4.939)	0.326 (1.263)	0.100 (0.256)	0.426 (1.370)
Bir	0.015** (2.144)	0.003 (0.382)	0.018** (2.321)	0.041*** (4.548)	0.001 (0.128)	0.042*** (2.729)	0.015* (1.725)	0.032*** (4.125)	0.047*** (5.664)

注：***、**和*分别表示在1%、5%和10%的水平上显著。

1）直接效应。东、中、西三大区域中，企业家精神的直接效应都显著为正，表明对于各地区而言，企业家精神都是促进本地区经济增长的动力，从数值大小来看，东、中、西部的直接效应分别为 0.367、0.469 和 0.454。由此可见，中、西部企业家精神对经济增长的影响程度要大于东部地区，这可能是由于东部地区经济较为发达，且在改革开放之后，企业家及企业家精神得到快速发展，在考察期内，企业家精神和经济增长都已经达到了一个较高的稳定水平，因此企业家精神对经济增长的影响力相对减弱；而中、西部地区企业家及企业家精神起步较晚，在最近十几年才得到迅猛发展，因此只要企业家精神少许程度地增加，就会带动经济发展水平较大幅度地提升。这也意味着今后在中、西部的经济发展中，要高度重视企业家精神的产生、发展及应用，发挥企业家精神对区域经济增长的推动作用。

2）溢出效应。企业家精神的溢出效应在三大区域内都显著为正，表明在各区域内本省的企业家精神都能促进周边省份的经济增长。从数值大小来看，东、中、西部的溢出效应分别为 0.619、1.024 和 1.306。由此可见，西部地区企业家精神对经济增长的溢出效应最大，中部次之，东部最小。可能原因是东部地区内各省份的经济发展水平和企业家精神都比较均衡，企业家精神对区域经济增长的溢出效应相对较弱。西部地区内部各省份的企业家精神发展十分不均衡，如陕西、四川的企业家精神排名基本都在全国前十名以内，而西部其他省份的企业家精神排名基本都位列全国的最后几名，区域之间差异较大。因此，企业家精神能通过空间扩散，对区域经济增长产生较强的溢出效应。

（3）其他变量对区域经济增长的影响效应。

1）直接效应。在三大区域中，物质资本的直接效应都显著为正，验证了物质资本投入是区域经济增长的内生动力。人力资本的估计系数在三大区域之间存在显著差异，其中，在东部地区不显著，而在中、西部都显著为正，这可能是由于本书的人力资本是采用地区受教育水平来衡量的，东部地区教育发展水平较高，在检验期内，一直处于稳定水平，上升幅度较小，而经济增长却较为迅速，两者之间并未形成显著的正相关；中、西部地区教育基础较薄，平均受教育水平较低，在 2000 年之后，随着国家对教育的重视和大幅度投入，民众的平均受教育水平显著提高，这为经济的快速增长提供了大量的人力资本。FDI 的直接效应在三大区域也存在显著差异，其中，在东、中部显著为正，而在西部不显著，可能原因是东、中部地区具有显著的地理优势、劳动力优势、市场优势等，吸引 FDI 的力度较大，国外的跨国企业都倾向于在东、中部投资，因而对当地经济的拉动作用十分明显，而西部地区由于交通、基础设施落后，工业基础薄弱，产业发展不足，对 FDI 的吸引力较弱，因而 FDI 的占比也较低，难以发挥对经济增长的拉动作用。政府支出规模对经济增长的影响在三大区域内部也存在显著差异，其中在东部不显著，而在中、西部显著为负，可能原因是东部地区市场化程度较高，政府的服务意识较强，对经济的直接干预力度较小，因而也难以对经济发展造成负面影响；而在中、西部地区，市场化程度不高，政府服务意识较为单薄，经济宏观调控的手段比较单一，且由于在很多领域中市场主体不突出，需要政府这只“有形的手”来干预经济活动，因此，政府扩大财政支出的欲望就更为强烈，但其对经济的负面作用也进一步凸显。老年抚养比的估计系数在三大区域内也存在显著差异，其中在东、中部显著为负，而在西部不显著，这可能是由于历史原因，在东、中部地区，老龄化程度更为严重，老年抚养比较高，而西部地区本身人口基数较少，且执行计划生育的政策力度较小，因而人口红利比东、中部更大，老龄化所带来的负面效应还不凸显。出生率的估计系数在三大区域内部都显著为正，这表明人口增长仍然是经济增长的重要动力。

2）溢出效应。物质资本的溢出效应在三大区域存在显著差异，其中，在东部显著为负，在中部显著为正，而在西部不显著，可能原因是中部地区省份之间发展水平较为接近，由于政府间 GDP 竞争效应的存在，一旦某个地区的政府加大投入，会导致其周边地区政府争相加大投入规模，从而拉动经济增长；而在西部省份的资本投入力度较小，且省份之间的区域关联度较弱，难以对周边省份的经济增长起到带动作用。人力资本的溢出效应在三大区域存在显著差异，其中，在东、中部不显著，在西部显著为负，可能原因是本书中的人力资本是采用平均受教育年限来衡量的，在东、中部地区教育水平发展较高，区域之间的平均受教育年限均大致持平，所以难以对周边地区的经济发展产生溢出作用；在西部地区，某个地区受教育程度高，教育水平发达，会吸引周边地区的人才和技术向此集聚，如陕西、四川等教育大省，吸引了大量周边省份人口，从而对周边地区经济发展造成负面影响。FDI 的溢出效应在三大区域都不显著，表明在三大区域内部 FDI 进入不足以对周边省份经济发展产生影响。政府支出规模的溢出效应在三大区域都不显著，表明在三大区域内部政府支出规模不足以对周边省份经济发展产生影响。老年人口抚养比的溢出效应在三大区域存在显著差异，其中，在东部显著为负，在中、西部不显著，表明只有在东部地区本省的老年人口抚养比的变化会对周边省份的经济增长产生负面作用。出生率的溢出效应在三大区域存在显著差异，其中，在东、中部不显著，在西部显著为正，表明只有在西部地区本省份的出生率增高会对周边省份的经济增长产生促进作用。

（三）稳健性检验

上述分析发现，企业家精神通过溢出效应，不仅能促进本地区经济增长，而且还能促进周边地区的经济增长。为了检验该结论的稳健性，本书采用两种方式对原有模型进行重新估计：

（1）采用空间地理距离权重矩阵替换原有的空间邻接权重矩阵，效应分析结果如表6－9所示。可以发现，在全国和分地区样本中，企业家精神对经济增长的直接效应都显著为正，表明企业家精神是促进本地区经济增长的重要动力。企业家精神对经济增长的溢出效应也都显著为正，表明企业家精神能通过溢出效应，促进周边地区的经济增长。从其他变量的直接效应和溢出效应来看，只有个别解释变量的大小和显著性与邻接矩阵下的估算结果略有不同，其余变量的估计结果基本一致，表明本书的回归结果具有较强的稳健性。

表6－9　空间地理距离权重矩阵下的直接效应和溢出效应

变量	全国		东部		中部		西部	
	直接效应	溢出效应	直接效应	溢出效应	直接效应	溢出效应	直接效应	溢出效应
E	0.215*** (2.739)	0.328* (1.882)	0.282*** (2.988)	0.583** (2.433)	0.606* (1.905)	1.776*** (3.374)	0.579*** (4.239)	1.065*** (2.840)
K	0.141*** (7.894)	−0.166* (−1.706)	0.120*** (3.017)	−0.362*** (−2.688)	0.349*** (4.743)	0.312*** (3.759)	0.153*** (9.337)	−0.102 (−1.149)
H	0.771*** (6.588)	1.778*** (2.818)	0.419* (1.844)	0.391 (0.569)	0.966*** (4.028)	0.800* (1.862)	0.324* (1.816)	−0.651** (−2.101)
FDI	0.792** (2.391)	1.959 (1.180)	0.601* (1.811)	−0.580 (−0.712)	4.374*** (4.435)	−2.239 (−1.219)	0.633 (1.233)	−5.588*** (−4.700)
GOV	−0.380*** (−3.252)	−1.307*** (−2.762)	−0.739** (−2.309)	−0.833 (−1.120)	−1.221** (−2.205)	−0.207 (−0.236)	−0.368*** (−3.647)	0.175 (0.785)
Dre	−0.418*** (−3.719)	−0.260 (−0.381)	−0.281* (−1.692)	−1.495*** (−3.474)	−1.424*** (−5.656)	−0.496 (−1.179)	0.051 (0.368)	−0.202 (−0.671)
Bir	0.007** (2.363)	0.018 (1.199)	0.026** (2.239)	0.037** (2.453)	0.040*** (4.105)	0.001 (0.124)	0.004* (1.732)	0.026*** (3.525)

注：***、**和*分别表示在1%、5%和10%的水平上显著。

（2）采用人均GDP来替代稳定灯光亮度，作为被解释变量进行再次检验，效应分析结果如表6－10所示。可以发现，在全国和分地区样本中，企业家精神对经济增长的直接效应都显著为正，表明企业家精神是促进本地区经济增长的重要动力。企业家精神对经济增长的溢出效应都显著为正，表明企业家精神能通过溢出效应，促进周边地区的经济增长。这都再次验证前文的结论。从其他变量直接效应和溢出效应来看，只有个别解释变量的大小和显著性略有不同，其余变量估计结果与以稳定灯光亮度作为被解释变量的估算结果基本一致，表明本书的回归结果具有较强的稳健性。

表6－10 以人均GDP为因变量的直接效应和溢出效应

变量	全国		东部		中部		西部	
	直接效应	溢出效应	直接效应	溢出效应	直接效应	溢出效应	直接效应	溢出效应
E	0.471*** (7.082)	0.710*** (5.428)	0.168* (1.825)	0.608*** (4.903)	0.514* (1.964)	0.750* (1.892)	0.527** (2.429)	1.576*** (3.509)
K	0.436*** (32.489)	−0.128*** (−3.823)	0.383*** (11.704)	−0.085* (−1.737)	0.454*** (11.881)	0.347*** (7.375)	0.328*** (16.541)	−0.165*** (−4.177)
H	0.229*** (2.121)	0.349** (2.430)	0.256* (1.734)	0.138 (0.645)	0.418** (2.171)	0.139 (0.638)	0.229* (1.842)	−0.388** (−2.483)
FDI	0.607* (1.844)	1.318 (1.592)	0.856** (2.441)	−1.060 (−1.472)	2.196** (2.544)	−0.816 (−1.486)	0.873 (1.474)	−3.235*** (−2.851)
GOV	−0.722*** (−7.103)	−0.290* (−1.732)	−0.440* (−1.779)	−0.132 (−0.823)	−0.706* (−1.898)	−0.443 (−0.876)	−0.252** (−2.185)	0.148 (0.956)
Dre	−0.759*** (−6.778)	−0.342* (−1.762)	−0.526*** (−3.421)	−0.343* (−1.734)	−0.389* (−1.818)	−0.445* (−1.867)	0.019 (0.112)	−0.398 (−1.458)
Bir	0.015*** (4.724)	0.006 (1.165)	0.021*** (3.733)	0.023*** (3.059)	0.031*** (4.760)	0.002 (0.335)	0.004* (1.727)	0.012** (2.217)

注：***、**和*分别表示在1%、5%和10%的水平上显著。

（四）空间距离分析

由于地方文化差异、政府保护主义、制度障碍等多种因素的限制，企业家精神集聚的空间影响具有一定的区域边界，企业家精神的外溢效应可能会随着空间距离的增大而变化。为了进一步揭示企业家精神对区域经济增长的溢出效应随空间距离的变化情况，本书基于空间地理距离权重矩阵，给出了200km、400km、

600km、800km、1000km 等不同空间距离下的估计结果，如表 6－11 所示。其中，ρ 表示稳定灯光亮度的空间滞后项，其他三项分别为企业家精神对区域经济增长的直接效应、溢出效应和总效应。

从表中可以发现：①稳定灯光亮度空间滞后项 ρ 的估计系数会随着空间距离的增大而减小。具体数值从 200km 时的 0.236，递减到 1000km 时的 0.101，系数全部显著且大于零。这表明经济增长所产生的溢出效应，会使得核心区的经济增长对周边地区经济增长产生显著的拉动作用，且越靠近核心区，共享要素资源越丰富，溢出的效果越明显。但是，随着空间距离的增大，经济增长的溢出效应会随之减弱，符合“地理学第一定律”，这也验证了前文中的假设 H4。②企业家精神的直接效应会随着空间距离的增大而逐渐减弱，即企业家精神对区域经济增长的影响会随着所考察范围的扩大而减弱。当所考察的范围在 200km 以内时，企业家精神对本地区经济增长的影响最大，影响系数为 0.761，当随着距离的增大，企业家精神对当地经济增长的影响逐渐下降。这意味着当考察的区域越广时，企业家对投资区域的选择就越广，因而对当地经济增长的影响就会减弱。③企业家精神对区域经济增长的溢出效应在 400km 以内时显著为正，且达到最大值，这表明在该区域内企业家精神和核心区一致，对经济增长的影响以辐射带动为主，企业家精神的外溢，会带动人才、资本、技术等要素资源的外溢，从而对其他地区经济增长产生正的外溢效应。但随着距离的增大，区域之间相互交流、互动、投资就会较少，企业家精神的外溢效应相应减弱。综上，该实证结果也支持前文中的假设 H6。

表 6－11　不同空间距离范围内的 SDM 估计结果

	200km	400km	600km	800km	1000km
ρ	0.236*** (7.010)	0.217*** (5.969)	0.193*** (4.297)	0.165*** (2.834)	0.101** (2.222)
直接效应	0.761*** (10.132)	0.654*** (8.702)	0.557*** (7.508)	0.466*** (6.468)	0.459*** (6.344)
溢出效应	0.525*** (5.208)	0.710*** (7.504)	0.342*** (4.276)	0.270*** (3.109)	0.186** (2.365)
总效应	1.287*** (5.101)	1.364*** (13.945)	0.899*** (8.131)	0.736*** (6.497)	0.645*** (6.015)

注：***、**和*分别表示在 1%、5%和 10%的水平上显著。

四、本章小结

本章采用夜间稳定灯光数据作为经济增长的替代指标，首先对夜间稳定灯光数据进行了校正处理；其次，采用探索性空间数据分析方法检验了稳定灯光亮度和人均 GDP 的空间相关性；最后，利用空间计量模型实证检验了企业家精神对区域经济增长的空间溢出效应，得到如下结论：

第一，经过校正后的稳定灯光数据具有良好的连续性、可比性，并避免 DN 值的饱和问题。根据 2001 年和 2013 年中国夜间稳定灯光亮度分布显示，灯光亮度较高的地区主要集中在长三角、珠三角、京津冀等东部沿海省份，广袤的西部地区一片黑暗，反映区域之间存在巨大的发展差距。从时间趋势来看，尽管中、西部大部分地区仍然亮度较低，但与 2001 年相比，2013 年的灯光亮度明显提升，如以西安、成都、武汉为核心的城市群。

第二，稳定灯光亮度的省域分级特征基本保持不变，北京、天津、山东、江苏、上海、广东等省份始终位于第四等级，夜间灯光亮度值最高；在这些第四等级的省份周围，又聚集了多个第二、三等级的省份，而第一等级的省份主要集中于甘肃、青海、新疆、内蒙古、四川、贵州等西部地区，夜间灯光亮度值较低。人均 GDP 和夜间灯光亮度在空间分布上具有一致性，都反映出东部省份的经济发展水平要显著强于中西部地区，且整体上形成了以长三角、珠三角和京津冀为核心的“中心—外围”空间分布模式。从 Moran’s Ⅰ值来看，中国省域稳定灯光亮度和人均 GDP 的空间分布并非随机，而是存在显著的正向的空间相关性，均呈现高—高聚集或低—低聚集的空间分布特征，具有显著的空间集聚特征。

第三，区域经济增长存在显著的正向空间溢出效应，即本地区的经济增长会受到周边地区经济增长的正向带动作用。对于全国样本，周边地区经济发展水平每提高 10%，则本地区的经济发展水平会提升 6.85%。对于分地区样本，周边地区经济发展水平每提高 10%，本地区经济发展水平的提升速度在东、中、西三大区域中又存在显著差异，其中西部提升幅度最大、东部次之，中部最小。

第四，企业家精神对本地区经济增长具有显著的正向促进作用。对于全国样本，空间计量模型中企业家精神的影响效应为 0.178，而通过 OLS 估计的影响效应为 0.279，很明显后者的估计系数偏大，这表明在回归分析中若不考虑空间因素，将可能会使结果产生偏差。对于分地区样本，企业家精神都是促进本地区经济增长的动力，从数值大小来看，中、西部企业家精神的影响程度要大于东部地区。

第五，企业家精神对区域经济增长具有显著的正向空间溢出效应。从效应分析来看，企业家精神对区域经济增长的影响可分为区域内的直接效应和区域间的溢出效应，即一个地区企业家精神发生正向变动，这既会导致本地区经济增长，同时也会导致周边地区经济增长。同样，当一个地区企业家精神发生负向变动，这既会抑制本地区经济增长，同时也会抑制周边地区经济增长。因此，企业家精神通过两种途径促进区域经济增长：一是通过直接创造有利于经济增长的外在条件，二是通过溢出效应间接促进周边地区经济增长。不仅如此，由于地区间经济增长具有空间联动性，企业家精神的空间溢出效应会产生空间反馈效应，使得企业家精神对经济增长的影响在传递到其他地区后又反作用于本地区。

第六，企业家精神对本地区经济增长的影响会随着所考察范围的扩大而减弱，这意味着当考察的区域越广时，企业家对投资区域的选择就越广，因而对当地经济增长的影响就会减弱。企业家精神对周边地区经济增长的空间溢出效应在400km以内时显著为正，且达到最大值，但随着距离的增大，企业家精神的外溢效应相应减弱。区域经济增长的空间溢出效应会随着空间距离的增大而减弱。

第七章　结论与展望

一、结论

本书在现有研究基础上，首先从新经济地理理论和内生经济增长理论出发，结合企业家精神的特征，考虑空间因素的作用，将企业家资本引入空间局部溢出模型，论证企业家精神影响区域经济增长的空间关联机制；其次，立足中国国情，构建企业家精神评价指标体系，测度中国省域企业家精神状况，并利用探索性空间数据分析方法，对中国省域企业家精神的空间分布特征和集聚特征进行分析；再次，阐述企业家精神的外部性和空间溢出效应，利用空间计量方法，检验企业家精神的空间溢出效应及其影响因素；最后，基于夜间稳定灯光数据，采用空间计量模型，实证检验企业家精神对区域经济增长的空间溢出效应。主要结论如下：

（一）揭示了企业家精神影响区域经济增长的空间关联机制

本书从新经济地理学出发，基于克鲁格曼的核心边缘模型（CP 模型），将企业家资本（即企业家精神）引入空间局部溢出空间模型，经过数理推导和分析，发现企业家精神与区域经济增长的空间关联机制主要包括以下三个方面：一是企业家精神的空间溢出效应。由于企业家精神的空间自相关，企业家精神在区域之间存在空间溢出效应，且同时受到本地区和其他地区外部制度环境的影响。企业家精神的空间溢出效应主要是通过知识溢出、人力资本流动、产业转移、商品贸易等途径产生。二是区域经济增长的空间溢出效应。由于经济活动的空间关联，区域经济增长存在空间溢出效应，且溢出效应会随着空间距离的变化而改变。三是企业家精神对区域经济增长的空间溢出效应。由于企业家精神和经济增长的空间自相关，企业家精神在对本地区经济增长产生正向直接效应的基础上，还会对其他地区经济增长产生正向空间溢出效应。两者的影响效应主要体现在循环累积因果效应、内生经济增长的集聚效应、知识溢出的扩散效应、核心区对边缘区的补偿效应等。

（二）企业家精神的空间分布呈现显著的集聚特性

本书通过构建企业家精神评价指标体系，采用全局主成分分析法测度中国省域企业家精神值，并利用探索性空间数据分析方法（ESDA）分析了企业家精神的空间分布特征和集聚特征，结果表明：①2001～2015 年，中国省域企业家精神的发展水平总体上呈现上升趋势，各省的企业家精神均有不同程度的提升；各省企业家精神的综合排名基本上保持稳定，但其中重庆的排名上升幅度最大，内蒙古和黑龙江的排名下降幅度最大；东部省份的企业家精神排名整体处于优势地位，企业家精神强的地区主要集中于长三角、京津冀、珠三角等东部沿海省份，企业家精神弱的地区主要集中于西部地区，而且从提升速度来看，东部最快，中部次之，东北部最慢。②2001～2015 年，中国省域企业家精神的等级特征显著，第三、四等级即企业家精神较强和最强地区差异较大，第一、二等级即企业家精神最弱和较弱地区间差异较小；企业家精神省域分级特征基本保持不变，整体上形成了以长三角、珠三角和京津冀为核心的“中心—外围”空间分布模式。③2001～2015 年，中国省域企业家精神的空间分布并非随机，而是存在显著的正向空间相关性。中国省域企业家精神的空间分布呈现四种集聚类型：高—高型、低—低型、低—高型、高—低型，随着时间的推移，聚集特征发生一定程度的变化，存在某种力量正在改变企业家精神的空间分布结构。

（三）企业家精神存在显著的正向空间溢出效应

本书从新经济地理学的角度阐述了企业家精神的外部性和溢出效应，并采用空间计量模型对此进行实证检验，结果表明：企业家精神存在显著的正向空间溢出效应，即本地区的企业家精神会受到周边地区企业家精神的正向带动作用。从全国样本来看，周边地区企业家精神每提升 10%，则本地区的企业家精神会提升 1.45%。分地区样本来看，周边地区企业家精神每提升 10%，本地区企业家精神的提升速度在东、中、西三大区域内部又存在差异，其中东、西部提升速度接近，而中部提升速度最慢。企业家精神溢出效应的强弱取决于相邻或相关区域之间的关联程度，关联性越强，溢出效应越明显，而这种关联性通常与区域的地理位置有关，即企业家精神溢出效应的强度随着空间地理距离的增加而减弱。

（四）企业家精神受到本地区和其他地区制度环境的双重影响

本书考察了制度环境变量对企业家精神的影响效应，研究发现该影响效应可分为区域内的直接效应和区域间的溢出效应：①直接效应。从全国样本来看，金融发展水平、市场自由度、财产权保护强度、知识产权保护强度、公路密度、互联网普及率是促进企业家精神发展的重要力量；政府对企业干预、地区腐败程度、性别比会抑制企业家精神的发展；老年人口抚养比的影响不显著。分地区样本来看，在东、中、西三大区域中，制度环境对企业家精神的直接影响效应存在显著差异。②溢出效应。从全国样本来看，金融发展水平、市场自由度、政府对企业干预、公路密度对企业家精神的溢出效应显著为正，地区腐败程度、知识产权保护强度对企业家精神的溢出效应显著为负，财产权保护强度、抚养比、性别比、互联网普及率对企业家精神的溢出效应不显著。分地区样本来看，在东、中、西三大区域中，制度环境对企业家精神的溢出效应存在显著差异。

（五）区域经济增长存在显著的正向空间溢出效应

本书采用夜间稳定灯光亮度作为经济增长的替代变量，利用空间计量模型实证检验的结果表明：①区域经济增长的省域分级特征基本保持不变，东部省份发展程度高，西部地区发展程度较低。整体上形成了以长三角、珠三角和京津冀为核心的“中心—外围”空间分布模式，经济增长的空间分布并非随机，而是存在显著的空间集聚特征。②区域经济增长存在显著的正向空间溢出效应，即本地区的经济增长会受到周边地区经济增长的正向带动作用。对于全国样本，周边地区经济发展水平每提高 10%，则本地区的经济发展水平会提升 6.85%。对于分地区样本，周边地区经济发展水平每提高 10%，本地区经济发展水平的提升速度在东、中、西三大区域中又存在显著差异，其中西部提升幅度最大、东部次之，中部最小。③区域经济增长的空间溢出效应会随着空间距离的增大而减弱。

（六）企业家精神对区域经济增长具有显著的正向空间溢出效应

本书利用空间计量模型实证检验了企业家精神对区域经济增长的空间溢出效应，结果表明：①企业家精神对本地区经济增长具有显著的正向促进作用。对于三大区域而言，中、西部企业家精神对本地区经济增长的影响程度要大于东部地区。②企业家精神对区域经济增长具有显著的正向溢出效应。从效应分析来看，企业家精神对区域经济增长的影响可分为区域内的直接效应和区域间的溢出效应，即一个地区企业家精神发生正向变动，这既会导致本地区经济增长，同时也会导致周边地区经济增长。企业家精神通过两种途径影响区域经济增长：一是通过直接创造有利于经济增长的外在条件，二是通过溢出效应间接促进周边地区经济增长。不仅如此，由于地区间经济增长具有空间联动性，企业家精神的空间溢出效应会产生空间反馈效应，使得企业家精神对经济增长的影响在传递到其他地区后又反作用于本地区。③企业家精神对区域经济增长的影响会随着所考察范围的扩大而减弱，这意味着当考察的区域越广时，企业家对投资区域的选择就越广，因而对当地经济增长的影响就会减弱。企业家精神对周边地区经济增长的空间溢出效应在400km以内时显著为正，且达到最大值，但随着距离的增大，溢出效应逐渐减弱。

二、政策建议

当前中国正处于经济转型的关键时期，如何更好地培育企业家精神，制定有利于企业家精神发展的政策措施，形成合理的企业家精神空间布局，对促进区域经济协调发展，具有重要意义。根据研究结论，提出以下对策建议。

（一）创造有利于企业家精神发展的制度环境，重塑企业家精神

实证分析表明，良好的经济环境、政治环境、法治环境、人口特征、基础设施是影响企业家精神发展的重要因素。其一，要进一步提高市场自由度，加大市场开放程度，减少对垄断性行业的管制，降低行业的进入壁垒，特别是新进入企业的门槛，采取有效措施降低中小企业进入新市场、开发新产品的成本，激活市场的创新创业活力。其二，要进一步进行金融体制改革，大力发展直接融资市场，发展中小型金融中介机构，改变当前直接融资市场主要服务于大中型企业的现状，让更多的中小企业尤其是初创企业能获得信贷资金的支持，大力发展产业投资基金、风险创业投资基金，引导资金向创新创业领域流动。其三，要进一步优化政治环境，正确处理好政府与市场的关系，减少政府对市场的直接干预，进一步加大简政放权的力度，减少政府对资源的管控，让市场起到配置资源的决定

性作用，减少企业审批的步骤，从而遏制腐败行为对企业家精神的打击。其四，进一步提高法治水平，加大对个人财产权的保护力度，按照法律法规保护个人财产安全，提高财产权保护的公共意识，加大对知识产权的保护力度，依法打击各种侵权行为，要大力宣传普及知识产权法律法规，在全社会形成尊重知识、崇尚创新的文化氛围，从而激活企业家的创新精神。其五，要进一步优化人口结构，尤其是要提高人口素质，要持续加大教育投入力度，深化教育体制改革，培养一大批高素质的创新创业人才队伍。其六，要进一步加大基础设施建设，尤其是互联网信息技术的发展，为创新创业提供了更多的可能，这也为欠发达地区实现追赶超越，培育创新创业精神提供了新的途径。

（二）构建跨区域的创新创业战略联盟，发挥科技创新和知识创新在区域间的溢出作用

实证分析表明，企业家精神在中国省域之间产生显著的空间溢出效应。因此，要加强区域之间的交流合作，构建跨区域的创新创业战略联盟，发挥科技创新和知识创新在区域间的溢出作用，提升区域协同创新能力。其一，要进一步加大协同创新资源投入。继续实施创新驱动发展战略，加大高校、科研院所、企业的 R&D 经费投入力度，多渠道筹措资金，为协同创新提供足够的财力保障；扩大科研队伍的同时，注重培养具有创新意识、创新能力的创造性人才，加大引进高素质人才队伍。其二，加强产学研合作力度。建立以企业为主体的创新体系，加强企业与高校、科研院所的合作深度：一方面，使技术创新成果能够通过企业实现产业化，产生经济效益；另一方面，引导企业投入创新资金，使高校和科研院所的 R&D 经费来源多元化。其三，强化创新产出的激励效应。建立以创新产出为导向的激励机制，激励创新主体重视各种形式的创新产出，鼓励企业加大新产品的开发力度，鼓励科研人员申请专利、创建企业等，建立合理的科研成果转化收益分享机制，将产出作为创新的重要评价依据。其四，加大跨区域的创新资源整合，促进创新资源的合理流动，以缩小中西部与东部地区协同创新能力的差距。利用发达地区创新资源集聚、知识溢出的优势，实现创新资源的共享共用，构建区域协同创新的空间合作机制，从而推动区域协同发展。

（三）发挥区域创新创业中心的扩散作用，实现企业家精神对区域经济增长的正向溢出

理论和实证分析都表明，企业家精神通过集聚和扩散效应，对区域经济增长产生影响，而中国省域企业家精神的扩散效应大于集聚效应，表现为对经济增长产生正的溢出效应。其一，对于企业家精神较强的地区来说，要进一步营造良好的企业家精神发展氛围，维持本地区企业家精神的集聚优势，发挥其对经济增长的驱动力，同时要加大对周边地区的人才和技术输出，发挥本地区企业家精神的溢出效应，从而拉动周边地区经济增长。其二，对于企业家精神较弱的地区来说，要注重发展本地区的企业家精神，同时根据本地区的地理空间环境和产业发展特点，充分利用周边地区企业家精神的溢出效应，促进经济增长。其三，应加强区域之间的协同合作，发挥发达地区对欠发达地区的经济补偿作用。区域创新创业中心是企业家精神的集聚区，具有较强的资源聚集作用，对于促进区域内创新资源流动、加强区域创新协作具有重要作用。将市场因素与行政因素相结合，构建多层次、网络化的区域创新创业中心，增强企业家精神扩散的有效性，扩大区域创新创业中心对周边地区的辐射带动作用，从而成为推动经济增长的核心动力。

（四）制定差异化的区域创新创业政策和管理措施，科学有效地配置和利用创新资源

实证分析表明，中国省域企业家精神分布存在显著的空间集聚特征，即长三角、珠三角、京津冀地区等东部沿海地区的企业家精神要强于中西部地区。因此，政府在制定区域创新政策时，要因地制宜，科学有效地配置和利用创新资源。其一，由于各地区企业家的创新创业动机迥异，相关部门要依据各自的创新创业动机和特点，实施针对性的政策措施，如对于个体创业者来说，要辨别是生存性创业，还是机会型创业，分别予以支持，最大限度地激发创业积极性。在东部地区，生存性创业占比要低于中西部地区，要认同创业者的社会贡献，提升企业家的社会地位，这势必能激发企业家的创业激情。其二，由于各地区的创新创业风险迥异，创新创业的管理措施也应有所侧重。例如，在中西部地区，主要存在着市场、资金等风险，创新创业管理措施就不应侧重于技术、人力等，而在东部地区，主要存在技术、财务等风险，管理措施就应侧重这几个方面。其三，由于各地区决定创新创业成功与否的因素迥异，创新创业政策必须立足当地现实情境，不能单纯照搬国外或发达地区的成功经验，而是要依托于当地的资源禀赋和经济优势，最大化地利用本地资源，培育和创建自主品牌。

三、研究展望

本书虽然从理论与实证分析两个方面，研究了企业家精神对区域经济增长的空间溢出效应，但受限于笔者水平，本书仍存在不足之处，主要表现为：

（1）从城市层面刻画企业家精神。由于数据的可获得性，本书只能从省级层面来度量企业家精神，但由于在实践中，每个省份内部不同城市的企业家精神又千差万别，尤其是省会城市与其他城市之间，所以从省级层面来衡量企业家精神无法反映其内部特征，有必要从城市层面更为深入地刻画企业家精神，判断企业家精神产生的根源和决定因素。

（2）从传统文化、商业氛围等方面来考察企业家精神的影响因素。由于传统文化和商业氛围等因素难以度量，因此在本书中未进行定量考察。但传统文化和商业氛围又是影响区域企业家精神发展的重要因素，如中国历史上著名的徽商、晋商、浙商等皆具有鲜明的地区文化特征，那么各地区的商业文化对企业家精神是否有影响，影响是否存在空间溢出效应，需要进一步探讨。

（3）利用时空地理加权回归模型分析企业家精神对区域经济增长影响的省域差异。本书在实证中给出了企业家精神的空间溢出效应对区域经济增长的影响作用，但实证结果仅仅是针对中国整体企业家精神特性的估计结果，而对于各个省份的具体估计特征则无法获取，哪些省份的作用程度更为强烈，哪些省份更为微弱？如果仅限于整体总量的分析，我们将无法从中获知答案。因此，为解决上述问题，有必要进一步利用空间计量模型中的时空地理加权回归模型进行实证分析。

（4）从微观层面来度量企业家精神。由于本书是从区域层面构建企业家精神评价指标体系，未考察企业家精神的微观特征，如企业家在创业时的心理特征、个人禀赋、创业动机等，这些特征难以度量，但却十分重要，甚至是决定企业家创业与否以及成功与否的关键因素。因此，需要通过设计一套科学化、系统化的调查问卷，进行大范围的调查研究，从而捕捉企业家精神的微观特征。

参考文献

［1］戴维·哈维．后现代的状况：对文化变迁之缘起的探究［M］．北京：商务印书馆，2013.

［2］Cairncross F. The death of distance［J］. Rsa Journal，1997，87（5502）：40－42.

［3］卡尔·夏皮罗，哈尔·瓦里安．信息规则：网络经济的策略指导［M］．北京：中国人民大学出版社，2000.

［4］Soltwedel R，Laaser CF. Spatial impacts of the new economy：Death of distance and decline of cites?［M］. Challenges to the world economy. Springer-Verlag New York，2003.

［5］Sinai T，Waldfogel J. Geography and the internet：Is the internet a substitute or a complement for cities?［J］. Journal of Urban Economics，2004，56（1）：1－24.

［6］Acs ZJ，Audretsch DB，Lehmann EE. The knowledge spillover theory of entrepreneurship［J］. Small Business Economics，2013，4（41）：757－774.

［7］Dana LP，Gurau C，Lasch F. Entrepreneurship，tourism and regional development：A tale of two villages［J］. Entrepreneurship & Regional Development，2014，26（3－4）：357－374.

［8］Bologna J. A spatial analysis of entrepreneurship and institutional quality：Evidence from U. S. metropolitan areas［J］. The Journal of Regional Analysis & Policy，2014，44（1）：109－131.

［9］Marcotte C. Measuring entrepreneurship at the country level：A review and research agenda［J］. Entrepreneurship and Regional Development，2012，25（3）：174－194.

［10］Fritsch M，Storey DJ. Entrepreneurship in a regional context-historical roots and recent developments [J]. Regional Studies, 2014, 48 (6): 939 – 954.

[11] Baumgartner D, Pütz M, Seidl I. What kind of entrepreneurship drives regional development in European non-core regions? A literature review on empirical entrepreneurship research [J]. European Planning Studies, 2013, 21 (8): 1095 – 1127.

[12] Toma SG, Grigore AM, Marinescu P. Economic development and entrepreneurship [J]. Procedia Economics & Finance, 2014, 8 (2): 436 – 443.

[13] Li Z, Ding T, Li J. Entrepreneurship and economic development in China: Evidence from a time-varying parameters stochastic volatility vector autoregressive model [J]. Technology Analysis & Strategic Management, 2015, 27 (6): 660 – 674.

[14] Brekke T. Entrepreneurship and path dependency in regional development [J]. Entrepreneurship & Regional Development, 2015, 27 (3 – 4): 1 – 17.

[15] 朱乾，杨勇，陶天龙，等．企业家精神影响因素的国外研究综述[J]. 东南大学学报（哲学社会科学版），2012，14（4）：52 – 57.

[16] Welter F, Lasch F. Entrepreneurship research in Europe: Taking stock and looking forward [J]. Entrepreneurship Theory & Practice, 2008, 32 (2): 241 – 248.

[17] Verbeke A, Tavares-Lehmann AT, Tulder R V. Entrepreneurship in the global firm [J]. Journal of Management Development, 2013, 19 (10): 75 – 92.

[18] Zhai Q, Su J, Ye M. Focus on China: The current status of entrepreneurship research in China [J]. Scientometrics, 2014, 98 (3): 1985 – 2006.

[19] Machado HPV, Faia VDS, Silva JDD. Entrepreneurial alertness: Study of the influence of individual characteristics and entrepreneurship [J]. Brazilian Business Review, 2016, 13 (5): 85 – 107.

[20] 张培刚．农业与工业化[M]. 武汉：华中科技大学出版社，2002.

[21] 张维迎，盛斌．企业家——经济增长的国王[M]. 上海：上海人民出版社，2014.

[22] Hébert RF, Link AN. In search of the meaning of entrepreneurship [J]. Small Business Economics, 1989, 1 (1): 39 – 49.

[23] Acs ZJ, Szerb L. The global entrepreneurship index (GEINDEX) [J]. Foundations and Trends in Entrepreneurship, 2010, 5 (5): 341 – 435.

[24] 朱彤，刘鹏程，王小洁．贸易开放对发展中国家企业家精神的影响

[J]. 南开经济研究，2015 (5): 111－125.

[25] Gries T, Naudé W. Entrepreneurship and human development: A capability approach [J]. Journal of Public Economics, 2011, 95 (3－4): 216－224.

[26] 夏洪胜，张世贤. 创业与企业家精神[M]. 北京：经济管理出版社，2014.

[27] 刘鹏程，李磊，王小洁. 企业家精神的性别差异——基于创业动机视角的研究[J]. 管理世界，2013，239 (8): 126－135.

[28] Audretsch DB, Keilbach M. Entrepreneurship capital and economic performance[J]. Regional Studies, 2004, 38 (8): 949－959.

[29] Reynolds P, Bosma N, Autio E, et al. Global entrepreneurship monitor: Data collection design and implementation 1998－2003 [J]. Small Business Economics, 2005, 24 (3): 205－231.

[30] Haq MAU, Hussain N, Usman M, et al. Entrepreneurial activity in China and Pakistan: A GEM data evidence [J]. Journal of Entrepreneurship in Emerging Economies, 2014, 6 (2): 179－193.

[31] Song L, Winkler C. China's trans-regional entrepreneurship: A panel data analysis of 31 provinces [J]. Journal of Entrepreneurship in Emerging Economies, 2014, 6 (3): 202－222.

[32] Klapper L, Delgado JMQ. Entrepreneurship: New data on business creation and how to promote it [J]. World Bank Other Operational Studies, 2007, 3 (10): 251－252.

[33] 陈伟，赵富洋. 自主创新过程中的企业家精神[J]. 科技管理研究，2008，28 (3): 11－12.

[34] 杨以文，郑江淮. 企业家精神、市场需求与生产性服务企业创新[J]. 财贸经济，2013，34 (1): 110－118.

[35] 王炳成，张士强，王俐等. 商业模式创新、员工企业家精神和企业文化的跨层次研究[J]. 研究与发展管理，2016，28 (4): 39－51.

[36] 辛杰，兰鹏璐，李波. 企业家文化价值观的双元影响效应研究——以企业家精神为中介[J]. 中央财经大学学报，2017 (4): 72－80.

[37] Nallari R, Griffith B, Wang Y, et al. A primer on policies for jobs [M]. The World Bank, 2012.

［38］ Estrin S, Korosteleva JA, Mickiewicz T. Which institutions encourage entrepreneurs to create larger firms? ［J］. Journal of Business Venturing, 2013, 28 (4): 564 – 580.

［39］ Bosma N. The global entrepreneurship monitor (GEM) and its impact on entrepreneurship research ［J］. Foundations and Trends in Entrepreneurship, 2013, 9 (2): 143 – 248.

［40］ Bergmann H, Mueller S, Schrettle T. The use of global entrepreneurship monitor data in academic research: A critical inventory and future potentials ［J］. International Journal of Entrepreneurial Venturing, 2014, 6 (3): 242 – 276.

［41］ Barazandeh M, Parvizian K, Alizadeh M, et al. Investigating the effect of entrepreneurial competencies on business performance among early stage entrepreneurs Global Entrepreneurship Monitor (GEM 2010 survey data) ［J］. Journal of Global Entrepreneurship Research, 2015, 5 (1): 1 – 18.

［42］ Wong PK, Ho YP, Autio E. Entrepreneurship, innovation and economic growth: Evidence from GEM data ［J］. Small Business Economics, 2005, 24 (3): 335 – 350.

［43］ 李宏彬，李杏，姚先国，张海峰，张俊森．企业家的创业与创新精神对中国经济增长的影响［J］．经济研究，2009（10）：99 – 108.

［44］ 程锐．市场化进程、企业家精神与地区经济发展差距［J］．经济学家，2016，8（8）：19 – 28.

［45］ 程虹，宋菲菲．新常态下企业经营绩效的下降：基于企业家精神的解释——来自 2015 年广东制造业企业—员工匹配调查的经验证据［J］．武汉大学学报（哲学社会科学版），2016，69（1）：60 – 72.

［46］ 刘志永．知识创新、企业家精神与经济绩效［J］．云南财经大学学报，2016（3）：145 – 151.

［47］ 龙海军．制度环境对企业家精神配置的影响：金融市场的调节作用［J］．科技进步与对策，2017，34（7）：94 – 99.

［48］ 韩磊，王西，张宝文．市场化进程驱动了企业家精神吗？［J］．财经问题研究，2017（8）：106 – 113.

［49］ Pietrobelli C, Rabellotti R, Aquilina M. An empirical study of the determinants of self-employment in developing countries ［J］. Journal of International Development, 2004, 16 (6): 803 – 820.

[50] Djankov S, Ganser T, McLiesh C, et al. The effect of corporate taxes on investment and entrepreneurship [J]. American Economic Journal: Macroeconomics, 2010, 2 (3): 31 – 64.

[51] Mrożewski M. An empirical analysis of economic and socio-demographic determinants of entrepreneurship across German regions [J]. International Journal of Management & Economics, 2014, 42 (1): 60 – 80.

[52] Botaavram C, Rachisan PR, Vesselinov R. The influence of country-level governance on business environment and entrepreneurship: A global perspective [J]. Amfiteatru Economic Journal, 2015, 17 (28): 65 – 70.

[53] Wennekers S, Thurik R, Stel AV, Noorderhaven N. Uncertainty avoidance and the rate of business ownership across 21 OECD countries, 1976 – 2004 [J]. Journal of Evolutionary Economics, 2007, 17 (2): 133 – 160.

[54] 李后建．市场化、腐败与企业家精神[J]. 经济科学, 2013 (1): 99 – 111.

[55] Chowdhury F, Terjesen S, Audretsch D. Varieties of entrepreneurship: Institutional drivers across entrepreneurial activity and country [J]. European Journal of Law & Economics, 2015, 40 (1): 1 – 28.

[56] Lofstrom M, Bates T, Parker SC. Why are some people more likely to become small-businesses owners than others: Entrepreneurship entry and industry-specific barriers [J]. Journal of Business Venturing, 2014, 29 (2): 232 – 251.

[57] Feldman, MP. The character of innovative places: Entrepreneurial strategy, economic development, and prosperity [J]. Small Business Economics, 2014, 43 (1): 9 – 20.

[58] Choi YR, Shepherd DA. Entrepreneurs' decisions to exploit opportunities [J]. Journal of Management, 2004, 30 (3): 377 – 395.

[59] Šebjan U, Tominc P, Boršič D. Cross-country entrepreneurial intentions study: The Danube region perspective [J]. Croatian Economic Survey, 2016, 18 (2): 38 – 76.

[60] Shinnar RS, Giacomin O, Janssen F. Entrepreneurial perceptions and intentions: The role of gender and culture [J]. Entrepreneurship Theory & Practice, 2012,

36 (3): 465 –493.

[61] Bae TJ, Qian S, Miao C, et al. The relationship between entrepreneurship education and entrepreneurial intentions: A meta-analytic review [J]. Entrepreneurship Theory & Practice, 2014, 38 (2): 217 –254.

[62] Koellinger P, Minnitic M, Schaded C. "I think I can, I think I can": Overconfidence and entrepreneurial behavior [J]. Journal of Economic Psychology, 2007, 28 (8), 502 –527.

[63] Sharma L, Madan P. Effect of individual factors on youth entrepreneurship-A study of Uttarakhand state, India [J]. Journal of Global Entrepreneurship Research, 2014, 4 (1): 1 –17.

[64] Djankov S, Qian Y, Rol G, Zhuravskaya E. Entrepreneurship in China and Russia compared [J]. Journal of the European Economic Association, 2006, 4 (2 – 3): 352 –365.

[65] 钱晓烨，杨百寅，迟巍．心理资本与区域创新活动：来自我国地级市的实证研究[J]．中国软科学，2014 (2): 179 –192.

[66] Shane SA. A general theory of entrepreneurship: The individual-opportunity nexus [J]. General Information, 2003, 12 (3): 353 –374.

[67] Zhang J, Soh PH, Wong P. Direct ties, prior knowledge and entrepreneurial resource acquisitions in China and Singapore [J]. International Small Business Journal, 2012, 29 (2): 170 –189.

[68] Lazear EP. Entrepreneurship [J]. Journal of Labor Economics, 2005, 23 (4): 649 –680.

[69] Davidsson P, Honig B. The role of social and human capital among nascent entrepreneurs [J]. Journal of Business Venturing, 2003, 18 (3): 301 –331.

[70] Useem M, Karabel J. Pathways to top corporate management [J]. American Sociological Review, 1986, 51 (2): 184 –200.

[71] Dan A B, Smith J A. How robust is the evidence on the effects of college quality? Evidence from matching [J]. Journal of Econometrics, 2004, 121 (1 –2): 99 –124.

[72] Guo X, Chen W, Yu A. Is college education worth it? Evidence from its impacts on entrepreneurship in the United States [J]. Journal of Small Business &

Entrepreneurship, 2016, 28 (1): 1 -26.

[73] Giannantonio C M, Hurleyhanson A E. Entrepreneurial characteristics and career: American high-tech Entrepreneurs [J]. Journal of Business & Management, 2016, 22 (2): 59 -76.

[74] Ayyagari M, Beck T, Hoseini M. Finance and poverty: Evidence from India [R] . Cepr Discussion Paper, 2013.

[75] Boz A, Ergeneli A. Women entrepreneurs' personality characteristics and parents' parenting style profile in Turkey [J]. Procedia-Social and Behavioral Sciences, 2014, 109 (8): 92 -97.

[76] Hurley - Hanson A E, Giannantonio C M. An empirical test of a model of high-tech entrepreneurial careers [J]. Global Business & Economics Anthology, 2015 (2): 1 -14.

[77] Lindquist M J, Sol J, Praag M V. Why do entrepreneurial parents have entrepreneurial children? [J]. Iza Discussion Papers, 2012, 33 (2): 269 -296.

[78] Ramos-Rodriguez A R, Medina-Garrido J A, Lorenzo-Gomez J D, et al. What you know or who you know? The role of intellectual and social capital in opportunity recognition[J]. International Small Business Journal, 2010, 28 (6): 566 -582.

[79] Hallen B L. The causes and consequences of the initial network positions of new organizations: From whom do enterpreneurs receive investments? [J]. Administrative Science Quarterly, 2008, 53 (4): 685 -718.

[80] Katila R, Rosenberger JD, Eisenhardt KM. Swimming with sharks: Technology ventures, defense mechanisms and corporate relationships [J]. Administrative Science Quarterly, 2008, 53 (2): 295 -332.

[81] Machado H P V, Faia V D S, Silva J D D. Entrepreneurial alertness: Study of the influence of individual characteristics and entrepreneurship [J]. Brazilian Business Review, 2016, 13 (5): 85 -107.

[82] Eggers J P, Song L. Dealing with failure: Serial entrepreneurs and the costs of changing industries between ventures [J]. Academy of Management Journal, 2014, 58 (6): 1785 -1803.

[83] Bianchi M. Financial development, entrepreneurship, and job satisfaction [J]. Review of Economics & Statistics, 2012, 94 (1): 273 -286.

[84] 李磊，郑妍妍，刘鹏程. 金融发展、职业选择与企业家精神——来自微观调查的证据[J]. 金融研究，2014 (6)：193-206.

[85] Abubakar H A. Entrepreneurship development and financial literacy in Africa [J]. World Journal of Entrepreneurship, 2015, 11 (4): 281-294.

[86] Huang H C. Entrepreneurial resources and speed of entrepreneurial success in an emerging market: The moderating effect of entrepreneurship [J]. International Entrepreneurship & Management Journal, 2016, 12 (1): 1-26.

[87] Meluzín T, Zinecker M. Trends in IPOS: The evidence from CEE capital markets [J]. Quarterly Journal of Economics and Economic Policy, 2016, 11 (2): 327-341.

[88] Gentry W M, Hubbard R G. Tax policy and entrepreneurial entry [J]. American Economic Review, 2000, 90 (2): 283-287.

[89] Braunerhjelm P, Eklund J E. Taxes, tax administrative burdens and new firm formation [J]. Kyklos, 2014, 67 (1): 1-11.

[90] Crum M, Gohmann S F. The impact of taxes and regulations on firm births and deaths in state border counties [J]. Journal of Entrepreneurship & Public Policy, 2016, 5 (1): 25-37.

[91] Hansson A. Tax policy and entrepreneurship: Empirical evidence from Sweden [J]. Small Business Economics, 2012, 38 (4): 495-513.

[92] Ferede E. Tax progressivity and self-employment: Evidence from Canadian provinces [J]. Small Business Economics, 2013, 40 (1): 141-153.

[93] Kreft S F, Sobel R S. Public policy, entrepreneurship, and economic freedom [J]. Cato Journal, 2005, 25 (3): 595-616.

[94] Acs Z J, Armington C. Entrepreneurship, geography, and American economic growth [M]. Cambridge University Press, 2011.

[95] Edler J, Georghiou L. Public procurement and innovation—resurrecting the demand side [J]. Research Policy, 2007, 36 (7): 949-963.

[96] Baumol W J. Entrepreneurship: Productive, unproductive, and destructive [J]. Journal of Political Economy, 1990, 98 (5): 893-921.

[97] Crnogaj K, Hojnik B B. Institutional determinants and entrepreneurial action [J]. Management Journal of Contemporary Management Issues, 2016, (21):

131 – 150.

[98] Braunerhjelm P, Desai S, Eklund JE. Regulation, firm dynamics and entrepreneurship [J]. European Journal of Law & Economics, 2015, 40 (1): 1 – 11.

[99] Stenholm P, Acs Z J, Wuebker R. Exploring country-level institutional arrangements on the rate and type of entrepreneurial activity [J]. Journal of Business Venturing, 2012, 28 (1): 176 – 193.

[100] Sambharya R, Musteen M. Institutional environment and entrepreneurship: An empirical study across countries [J]. Journal of International Entrepreneurship, 2014, 12 (4): 314 – 330.

[101] 龙海军. 制度环境对企业家精神配置的影响: 金融市场的调节作用 [J]. 科技进步与对策, 2017, 34 (7): 94 – 99.

[102] Acemoglu D, Aghion P, Zilibotti F. Distance to frontier, selection, and economic growth [J]. Journal of the European Economic Assocition, 2006, 4 (1): 37 – 74.

[103] Zhou W. Bank financing in China's private sector: The payoffs of political capital [J]. World Development, 2009, 37 (4): 787 – 799.

[104] Anokhin S, Schulze W S. Entrepreneurship, innovation, and corruption [J]. Journal of Business Venturing, 2009, 24 (5): 465 – 476.

[105] Aidis R, Estrin S, Mickiewicz T M. Size matters: Entrepreneurial entry and government [J]. Small Business Economics, 2012, 39 (1): 119 – 139.

[106] 邵传林. 法律制度效率、地区腐败与企业家精神[J]. 上海财经大学学报, 2014, 16 (5): 48 – 57.

[107] Wennekers S, Suddle K, Beugelsdijk S. Entrepreneurial culture and its effect on the rate of nascent entrepreneurship [R]. EIM Business and Policy Research, 2007.

[108] Shane S A. The effect of cultural differences in perceptions of transactions costs on national differences in the preference for international joint ventures [J]. Asia Pacific Journal of Management, 1993, 10 (1): 57 – 69.

[109] Fagerberg J, Srholec M. National innovation systems, capabilities and economic development [J]. Research Policy, 2008, 37 (9): 1417 – 1435.

[110] Pinillos M J, Reyes L. Relationship between individualist-collectivist

culture and entrepreneurial activity: Evidence from Global Entrepreneurship Monitor data[J]. Small Business Economics, 2011, 37 (1): 23 -37.

[111] Andersson M, Koster S. Sources of persistence in regional start-up rates—evidence from Sweden [J]. Journal of Economic Geography, 2011, 11 (1): 179 -201.

[112] 马昆姝，李雁晨. 文化价值对创业决策的影响研究[J]. 西南民族大学学报（人文社科版），2014 (5): 128 -133.

[113] 薛国琴. 传统文化与越商企业家精神特质——基于与晋商、徽商比较的视角[J]. 浙江社会科学，2011 (3): 129 -134.

[114] 杨勇. 从沪商到新沪商——基于制度视角的企业家精神与社会网络的融合提升[J]. 华东师范大学学报（哲学社会科学版），2011, 43 (2): 65 -73.

[115] 赵向阳，李海，余佳. 基于"一分为三"思想的文化价值观、文化习俗与早期创业活动关系探索[J]. 管理学报，2014, 11 (11): 1569 -1580.

[116] Su J, Zhai Q, Landstrom H. Entrepreneurship research in three regions-the USA, Europe and China [J]. International Entrepreneurship & Management Journal, 2015, 11 (4): 861 -890.

[117] 李新春，叶文平，朱沆. 牢笼的束缚与抗争：地区关系文化与创业企业的关系战略[J]. 管理世界，2016 (10): 88 -102.

[118] Shivani S, Mukherjee S K, Sharan R. Socio-cultural influences on Indian entrepreneurs: The need for appropriate structural interventions [J]. Journal of Asian Economics, 2006, 17 (1): 5 -13.

[119] 阮荣平，郑风田，刘力. 信仰的力量：宗教有利于创业吗? [J]. 经济研究，2014 (3): 171 -184.

[120] 何杰，吴远洪，佘脊. 历史文化因素的差异与交流对民间创业的影响[J]. 中国软科学，2017 (4): 80 -93.

[121] Bjuggren P O, Eklund J, Wiberg D. Institutional ownership and returns on investment [R]. Ratio Working Papers, 2013.

[122] Murphy K M, Shleifer A, Vishny R W. The allocation of talent: Implications for growth [J]. Quarterly Journal of Economics, 1991, 106 (2): 503 -530.

[123] Litan R E. Entrepreneurship, innovation, and antitrust [J]. Social Science Electronic Publishing, 2016, 61 (4): 580 -594.

[124] 潘健平，王铭榕，吴沛雯．企业家精神、知识产权保护与企业创新[J].财经问题研究，2015（12）：104－110.

[125] Chemin M. The impact of the judiciary on entrepreneurship: Evaluation of Pakistan's "Access to justice programme" [J]. Journal of Public Economics, 2009, 93 (1－2): 114－125.

[126] Estrin S, Korosteleva J, Mickiewicz T. Which institutions encourage entrepreneurial growth aspirations? [J]. Journal of Business Venturing, 2013, 28 (4): 564－580.

[127] Bai C E, Lu J, Tao Z. The multitask theory of state enterprise reform: Empirical evidence from China [J]. American Economic Review, 2006, 96 (2): 353－357.

[128] 邵传林，张存刚．法治如何影响了企业家精神？[J].经济与管理研究，2016（1）：89－95.

[129] Werner B, Oliver F, Stephan H. The impact of regional age structure on entrepreneurship [J]. Economic Geography, 2009, 85 (3): 269－287.

[130] Henley A. Entrepreneurial aspiration and transition into self-employment: Evidence from British longitudinal data [J]. Entrepreneurship & Regional Development, 2007, 19 (3): 253－280.

[131] Cowling M, Taylor M. Entrepreneurial women and men: Two different species? [J]. Small Business Economics, 2001, 16 (3): 167－175.

[132] Kautonen T, Down S, Minniti M. Ageing and entrepreneurial preferences [J]. Small Business Economics, 2014, 42 (3): 579－594.

[133] Holienka M, Pilková A, Janoviová Z. Youth entrepreneurship in Visegrad countries [J]. Entrepreneurial Business and Economcis Review, 2016, 4 (4): 105－121.

[134] 汪川，陈晓霞，朱曦济．年龄结构与企业家精神：基于中国省级数据的实证分析[J].当代经济研究，2014（7）：76－81.

[135] 郭凯明，余靖雯，龚六堂．人口转变、企业家精神与经济增长[J].经济学季刊，2016（2）：989－1010.

[136] Doms M, Lewis E, Robb A. Local labor force education, new business characteristics, and firm performance [J]. Journal of Urban Economics, 2010, 67

(1): 61 -77.

[137] Glaeser E L, Kerr W R. Local industrial conditions and entrepreneurship: How much of the spatial distribution can we explain? [J]. Journal of Economics & Management Strategy, 2009, 18 (3): 623 -663.

[138] Orser B, Riding A, Stanley J. Perceived career challenger and response strategies of women in the advanced technology sector [J]. Entrepreneurship and Regional Development, 2012, 24 (1 -2): 73 -93.

[139] Martin M A G, Picazo M T M, Navarro J L A. Entrepreneurship, income distribution and economic growth [J]. International Entrepreneurship & Management Journal, 2010, 6 (2): 131 -141.

[140] Madichie N O, Gallant M. Broken S. A commentary on women's entrepreneurship in the United Arab emirates [J]. Social Science Electronic Publishing, 2013, 13 (2): 81 -92.

[141] Deo M, Kalisa F, Theogene A H. The contribution of women entrepreneurship in family socio-economic development in rural areas, Rwanda [J]. International Journal of Innovation, Management and Technology, 2016, 7 (6): 256 -259.

[142] Hinze W M. Self-employment in the United States [J]. Monthly Labor Review, 2011, 127 (7): 13 -23.

[143] Eddleston K A, Powell G N. Nurturing entrepreneurs' work-family balance: A gendered perspective [J]. Entrepreneurship Theory & Practice, 2012, 36 (3): 513 -541.

[144] Goktan A B, Gupta V K. Sex, gender, and individual entrepreneurial orientation: Evidence from four countries [J]. International Entrepreneurship & Management Journal, 2015, 11 (1): 95 -112.

[145] Wood W, Eagly A H. Chapter two-biosocial construction of sex differences and similarities in behavior [J]. Advances in Experimental Social Psychology, 2012, 46: 55 -123.

[146] Ahl H. Why research on women entrepreneurs needs new directions [J]. Entrepreneurship Theory & Practice, 2006, 30 (5): 595 -621.

[147] Noguera M, Alvarez C, Merigó JM, et al. Determinants of female entrepreneurship in Spain: An institutional approach [J]. Computational & Mathematical

Organization Theory, 2015, 21 (4): 341 -355.

[148] Woolley J L. The creation and configuration of infrastructure for entrepreneurship in emerging domains of activity [J]. Entrepreneurship Theory & Practice, 2014, 38 (4): 721 -747.

[149] Ghio N, Guerini M, Lehmann E E, et al. The emergence of the knowledge spillover theory of entrepreneurship [J]. Small Business Economics, 2015, 44 (1): 1 -18.

[150] Rowe F, Struck D. Cultural values, media richness and telecommunication use in an organization [J]. Accounting Management & Information Technologies, 1999, 9 (3): 161 -192.

[151] Audretsch D B, Heger D, Veith T. Infrastructure and entrepreneurship [J]. Small Business Economics, 2015, 44 (2): 219 -230.

[152] Praag MV, Witteloostuijn A V, Sluis J V D. The higher returns to formal education for entrepreneurs versus employees [J]. Small Business Economics, 2013, 40 (2): 375 -396.

[153] Arrow K. Economic welfare and the allocation of resources for invention [J]. Social Science Electronic Publishing, 1962: 609 -626.

[154] Wennekers S, Thurik R. Linking entrepreneurship and economic growth [J]. Small Business Economics, 1999, 13 (1): 27 -56.

[155] Lee S Y, Florida R, Acs Z J. Creativity and entrepreneurship: A regional analysis of new firm formation [J]. Regional Studies, 2004, 38 (8): 879 -891.

[156] Kritikos A. Entrepreneurs and their impact on jobs and economic growth [J]. Iza World of Labor, 2014 (8): 1 -10.

[157] Liargovas P, Repousis S. Development paths in the knowledge economy: Innovation and entrepreneurship in Greece [J]. Journal of the Knowledge Economy, 2015, 6 (4): 1063 -1077.

[158] Stough R R. Entrepreneurship and regional economic development: Some reflections [J]. Journal of Regional Research, 2016 (36): 129 -150.

[159] Audretsch D B, Keilbach M. Entrepreneurship and regional growth: An evolutionary interpretation [J]. Journal of Evolutionary Economics, 2004, 14 (5): 605 -616.

［160］ Bae T J, Qian S, Miao C, et al. The relationship between entrepreneurship education and entrepreneurial intentions: A meta-analytic review [J]. Entrepreneurship Theory & Practice, 2014, 38 (2): 217-254.

［161］ Shaw E, Marlow S, Lam W, et al. Gender and entrepreneurial capital: Implications for firm performance [J]. International Journal of Gender & Entrepreneurship, 2013, 1 (1): 25-41.

［162］ 郝颖，辛清泉，刘星．地区差异、企业投资与经济增长质量[J]. 经济研究，2014 (3): 101-114.

［163］ 唐国华．企业家精神、产品创新与内生经济增长——理论模型和基于中国数据的经验研究[J]. 经济问题，2014 (3): 11-16.

［164］ Yu F L. Adaptive entrepreneurship and the economic development of Hong Kong [J]. World Development, 1998, 26 (5): 897-911.

［165］ Holcombe R G. Entrepreneurship and economic growth [J]. Quarterly Journal of Austrian Economics, 1998, 1 (2): 45-62.

［166］ Elert N. What determines entry? Evidence from Sweden [J]. Annals of Regional Science, 2014, 53 (1): 55-92.

［167］ Mueller P, Stel A V, Storey D J. The effects of new firm formation on regional development over time: The case of Great Britain [J]. Small Business Economics, 2008, 30 (1): 59-71.

［168］ Audretsch D B, Lehmann E E. Does the knowledge spillover theory of entrepreneurship hold for regions? [J]. Research Policy, 2005, 34 (8): 1191-1202.

［169］ Audretsch D B, Keilbach M. The theory of knowledge spillover entrepreneurship [J]. Journal of Management Studies, 2007, 44 (7): 1242-1254.

［170］ Acs Z J, Braunerhjelm P, Audretsch D B, et al. The knowledge spillover theory of entrepreneurship [J]. Small Business Economics, 2009, 32 (1): 15-30.

［171］ Braunerhjelm P, Acs Z J, Audretsch D B, et al. The missing link: Knowledge diffusion and entrepreneurship in endogenous growth [J]. Small Business Economics, 2010, 34 (2): 105-125.

［172］ Block J H, Thurik R, Zhou H. What turns knowledge into innovative products? The role of entrepreneurship and knowledge spillovers [J]. Journal of Evolutionary Economics, 2013, 23 (4): 693-718.

[173] Audretsch D B, Belitski M. The missing pillar: The creativity theory of knowledge spillover entrepreneurship [J]. Small Business Economics, 2013, 41 (4): 819 -836.

[174] Thurik R, Audretsch D, Grilo I. Globalization, entrepreneurship and the region [J]. Scales Research Reports, 2012, 169 (1 -2): 249 -257.

[175] Wright M, Vohora A, Lockett A. The formation of high-tech university spinouts: The role of joint ventures and venture capital investors [J]. Journal of Technology Transfer, 2004, 29 (3 -4): 287 -310.

[176] Fritsch M. How does new business formation affect regional development? Introduction to the special issue [J]. Small Business Economics, 2008, 30 (1): 1 -14.

[177] Bercovitz J, Feldman M. The mechanisms of collaboration in inventive teams: Composition, social networks, and geography [J]. Research Policy, 2011, 40 (1): 81 -93.

[178] Hesse N, Sternberg R. Alternative growth patterns of university spin-offs: Why so many remain small? [J]. International Entrepreneurship & Management Journal, 2017, 13 (3): 1 -32.

[179] Audretsch D B. The entrepreneurial society [J]. Journal of Technology Transfer, 2009, 34 (3): 245 -254.

[180] Audretsch D B, Lehmann E E, Warning S. University spillovers and new firm location [J]. Research Policy, 2005, 34 (7): 1113 -1122.

[181] Ponds R, Oort FV, Frenken K. Innovation, spillovers and university-industry collaboration: An extended knowledge production function approach [J]. Papers in Evolutionary Economic Geography, 2009, 10 (2): 231 -255.

[182] Kang D, Dall' erba S. Exploring the spatially varying innovation capacity of the US counties in the framework of Griliches' knowledge production function: A mixed GWR approach [J]. Journal of Geographical Systems, 2016, 18 (2): 125 -157.

[183] Acs Z J, Sanders M W J L. Knowledge spillover entrepreneurship in an endogenous growth model [J]. Small Business Economics, 2013, 41 (4): 775 -795.

[184] Haque I U. The productivity growth-technology-entrepreneurship nexus: Implications for Pakistan [J]. Lahore Journal of Economics, 2016, 21: 15 -31.

［185］ Baumol W J. Entrepreneurship：Productive，unproductive，and destructive［J］. Journal of Political Economy，1990，98（5）：893－921.

［186］ Baumol W J，Schilling MA，Wolff EN. The superstar inventors and entrepreneurs：How were they educated？［J］. Journal of Economics & Management Strategy，2009，18（3）：711－728.

［187］ He B，Li Z，Vinig T. Entrepreneurship，technological progress and resource allocation efficiency：A case of China［J］. Journal of Chinese Entrepreneurship，2010，2（3）：242－254.

［188］ Acemoglu D. Reward structures and the allocation of talent［J］. European Economic Review，1993，39（1）：17－33.

［189］ 申小林．企业家寻租行为及特征分析［J］．中国工业经济，2001（4）：25－32.

［190］ 庄子银．创新、企业家活动配置与长期经济增长［J］．经济研究，2007（8）：82－94.

［191］ Brou D，Ruta M. A commitment theory of subsidy agreements［J］. Social Science Electronic Publishing，2012，14（1）：239－270.

［192］ Smallbone D，Welter F. The distinctiveness of entrepreneurship in transition economies［J］. Small Business Economics，2001，16（4）：249－262.

［193］ 何轩，马骏，朱丽娜等．制度变迁速度如何影响家族企业主的企业家精神配置——基于动态制度基础观的经验性研究［J］．南开管理评论，2016，19（3）：64－76.

［194］ Chen T J，Ku Y H. Rent seeking and entrepreneurship：Internet startups in China［J］. Cato Journal，2016，36（3）：659－688.

［195］ Kwock B，James M，Tsui A. Doing business in China：What is the use of having a contract？The rule of law and Guanxi when doing business in China［J］. Journal of Business Studies Quarterly，2013，4（4）：56－67.

［196］ Wiseman T. Entrepreneurship，corruption，and the size of US underground economies［J］. Journal of Entrepreneurship & Public Policy，2013，4（3）：313－330.

［197］ Sobel R S. Testing Baumol：Institutional quality and the productivity of entrepreneurship［J］. Journal of Business Venturing，2008，23（6）：641－655.

[198] Bowen H P, Clercq D D. Institutional context and the allocation of entrepreneurial effort [J]. Journal of International Business Studies, 2008, 39 (4): 747-767.

[199] Sauka A, Welter F. Determinants of business insolvencies during economic growth and recession in Latvia [J]. Journal of Baltic Studies, 2014, 45 (3): 375-396.

[200] 胡永刚，石崇．扭曲、企业家精神与中国经济增长[J]. 经济研究，2016 (7): 87-101.

[201] Desai S, Acs Z J, Weitzel U. A model of destructive entrepreneurship insight for conflict and post conflict recovery [J]. Journal of Conflict Resolution, 2013, 57 (1): 20-40.

[202] 庄子银．企业家精神、持续技术创新和长期经济增长的微观机制[J]. 世界经济，2005 (12): 32-43.

[203] Hessels J, Stel A V. Entrepreneurship, export orientation, and economic growth [J]. Small Business Economics, 2011, 37 (2): 255-268.

[204] Dixit A K, Stiglitz J E. Monopolistic competition and optimum product diversity[J]. American Economic Review, 1977, 67 (3): 297-308.

[205] Krugman P. Increasing returns and economic geography [J]. Journal of Political Economy, 1991, 99 (3): 483-499.

[206] 安虎森．新经济地理学原理[M]. 北京：经济科学出版社，2009.

[207] Martin P, Ottaviano G I P. Growing locations: Industry location in a model of endogenous growth [J]. European Economic Review, 1999, 43 (2): 281-302.

[208] Baldwin RE, Martin P, Ottaviano GIP. Global income divergence, trade, and industrialization: The geography of growth take-offs [J]. Journal of Economic Growth, 2001, 6 (1): 5-37.

[209] 杨林，俞安平．企业家认知对企业战略变革前瞻性的影响：知识创造过程的中介效应[J]. 南开管理评论，2016, 19 (1): 120-133.

[210] 李宇，陆艳红，周晓雪．产业集群中的企业家导向、有意识的知识溢出与集群企业知识资本[J]. 中国软科学，2017 (12): 178-186.

[211] Brooksbank D J, O' Gorman C, Pickernell D. The knowledge spillover theory of entrepreneurship: An application to foreign direct investment [J]. Internation-

al Journal of Entrepreneurship & Small Business, 2012, 15 (1): 237 - 261.

[212] 叶静怡，林佳，姜蕴璐．知识溢出、距离与创新——基于长三角城市群的实证分析[J]. 世界经济文汇，2016 (3)：21 - 41.

[213] 张海峰．人力资本集聚与区域创新绩效——基于浙江的实证研究[J]. 浙江社会科学，2016 (2)：103 - 108.

[214] 苗琦，鲍越，刘鹰．人力资本与技术资本对我国海归创业意向影响[J]. 科学学研究，2015，33 (7)：1035 - 1043.

[215] 杜鹏程，巩妙宇，丁梦茹等．区域人力资本空间分布及与创新效率的关系[J]. 科技管理研究，2016，36 (17)：61 - 65.

[216] 张仁枫，王莹莹．承接产业转移视角的区域协同创新机理分析——兼论欠发达地区跨越式发展的路径创新[J]. 科技进步与对策，2013，30 (7)：26 - 30.

[217] 马永红，张帆，李欢．转移企业结网策略对集群网络结构与知识水平的影响研究[J]. 科学学与科学技术管理，2016，37 (10)：86 - 95.

[218] 马永红，李欢，王展昭．网络结构视角下的产业转移与企业创新绩效[J]. 科学学研究，2016，34 (3)：366 - 372.

[219] 周阳敏，高友才．回归式产业转移与企业家成长："小温州"固始当代商人崛起实证研究[J]. 中国工业经济，2011 (5)：139 - 148.

[220] 谢莉娟，王诗桪．贸易的技术创新效应——国内外贸易联动与部门间分工的权衡[J]. 经济理论与经济管理，2017，36 (4)：97 - 112.

[221] 童伟伟，熊芳．中国技术性贸易措施对国内技术创新影响的实证分析[J]. 国际经贸探索，2017，33 (10)：51 - 65.

[222] 刘凤朝，刘靓，马荣康．区域间技术交易网络、吸收能力与区域创新产出——基于电子信息和生物医药领域的实证分析[J]. 科学学研究，2015，33 (5)：774 - 781.

[223] 赵彦云，王康，邢炜．转型期中国省际经济波动对经济增长的空间溢出效应[J]. 统计研究，2017，34 (5)：3 - 16.

[224] 才国伟，钱金保．解析空间相关的来源：理论模型与经验证据[J]. 经济学季刊，2013，12 (2)：869 - 894.

[225] 颜银根，安虎森．中国分割的经济空间：基于区域间经济增长溢出的实证研究[J]. 当代经济科学，2014，36 (4)：47 - 57.

[226] Berliant M, Fujita M. Knowledge creation as a square dance on the Hilbert cube [J]. International Economic Review, 2008, 49 (4): 1251 - 1295.

[227] 潘文卿. 中国的区域关联与经济增长的空间溢出效应[J]. 经济研究, 2012 (1): 54 - 65.

[228] 李敬, 陈澍, 万广华等. 中国区域经济增长的空间关联及其解释——基于网络分析方法[J]. 经济研究, 2014 (11): 4 - 16.

[229] Covin J G, Slevin D P. A Conceptual model of entrepreneurship as firm behavior[J]. Entrepreneurship Theory and Practice, 1991, 16 (1): 7 - 25.

[230] 钱锡红, 杨永福, 徐万里. 企业网络位置、吸收能力与创新绩效——一个交互效应模型[J]. 管理世界, 2010 (5): 118 - 129.

[231] 杨洋, 魏江, 罗来军. 谁在利用政府补贴进行创新? ——所有制和要素市场扭曲的联合调节效应[J]. 管理世界, 2015 (1): 75 - 86.

[232] 侯贺. 缺失数据处理方法的研究及其在软测量技术中的应用 [D]. 东北大学硕士学位论文, 2011.

[233] 吴桐雨, 吴少雄. 基于核主成分分析和粒子群优化支持向量机的统计数据缺失值插补[J]. 统计与决策, 2018 (8): 21 - 24.

[234] 刘根荣. 基于全局主成分分析法的中国流通产业区域竞争力研究[J]. 中国经济问题, 2014 (3): 79 - 89.

[235] 孙畅. 基于全局主成分分析法的长江上游地区商贸流通业发展综合评价[J]. 当代经济管理, 2016, 38 (5): 50 - 56.

[236] 杜思正, 冼国明, 冷艳丽. 中国金融发展、资本效率与对外投资水平[J]. 数量经济技术经济研究, 2016 (10): 17 - 36.

[237] 刘满凤, 吴卓贤. 高新技术产业集群知识溢出的 Mar 效应和 Jac 效应的实证研究[J]. 科学学与科学技术管理, 2013 (8): 83 - 92.

[238] 吴梅, 龙志和. 知识溢出对广东高技术产业发展影响的实证研究[J]. 科技管理研究, 2011, 31 (1): 156 - 159.

[239] Grillitsch M, Nilsson M. Innovation in peripheral regions: Do collaborations compensate for a lack of local knowledge spillovers? [J]. Annals of Regional Science, 2015, 54 (1): 299 - 321.

[240] Elhorst J P. Matlab software for spatial panels [J]. International Regional Science Review, 2012, 37 (3): 389 - 405.

［241］ Lesage J P, Pace R K. A sampling approach to estimate the log determinant used in spatial likelihood problems ［J］. Journal of Geographical Systems, 2009, 11 (3): 209 –225.

［242］ 李磊，郑妍妍，刘鹏程 . 金融发展、职业选择与企业家精神——来自微观调查的证据［J］. 金融研究，2014 (6): 193 –206.

［243］ Lin W T, Liu Y. Successor characteristics, organisational slack, and change in the degree of firm internationalisation ［J］. International Business Review, 2012, 21 (1): 89 –101.

［244］ Bologna J. A spatial analysis of entrepreneurship and institutional quality: Evidence from U. S. metropolitan areas ［J］. Journal of Regional Analysis and Policy, 2014, 44 (1): 109 –131.

［245］ Fritsch M, Bublitz E, Sorgner A, et al. How much of a socialist legacy? The re –emergence of entrepreneurship in the East German transformation to a market economy ［J］. Small Business Economics, 2014, 43 (2): 427 –446.

［246］ 颜为民，邵传林，裴志伟 . 地区腐败、金融市场化与企业家精神——基于中国省级层面的经验证据［J］. 当代经济管理，2015, 37 (4): 91 –97.

［247］ 刘思明，侯鹏，赵彦云 . 知识产权保护与中国工业创新能力［J］. 数量经济技术经济研究，2015 (3): 40 –57.

［248］ Ginarte J C, Park W G. Determinants of patent right: A cross-national study ［J］. Research Policy, 1997, 26 (3): 283 –301.

［249］ 韩玉雄，李怀祖 . 关于中国知识产权保护水平的定量分析［J］. 科学学研究，2005, 23 (3): 377 –382.

［250］ 樊纲，王小鲁，朱恒鹏 . 中国市场化指数：各地区市场化相对进程 2011 年报告［M］. 北京：经济科学出版社，2011.

［251］ 王小鲁，樊纲，余静文 . 中国分省份市场化指数报告 (2016) ［M］. 北京：社会科学文献出版社，2017.

［252］ 徐康宁，陈丰龙，刘修岩 . 中国经济增长的真实性：基于全球夜间灯光数据的检验［J］. 经济研究，2015 (9): 17 –29.

［253］ Anselin L. Lagrange multiplier test diagnostics for spatial dependence and spatial heterogeneity ［J］. Geographical Analysis, 1988, 20 (1): 1 –17.

［254］ 李杏 . 企业家精神对中国经济增长的作用研究——基于 SYS –GMM

的实证研究[J]. 科研管理，2011，32（1）：97－104.

[255] Hodler R, Raschky P A. Regional favoritism [J]. Quarterly Journal of Economics, 2014, 129 (2): 995－1033.

[256] 陈思霞，许文立，张领祎. 财政压力与地方经济增长——来自中国所得税分享改革的政策实验[J]. 财贸经济，2017，38（4）：37－53.

[257] Henderson J V, Storeygard A, Weil D N. Measuring economic growth from outer space [J]. American Economic Review, 2012, 102 (2): 994－1028.

[258] 范子英，彭飞，刘冲. 政治关联与经济增长——基于卫星灯光数据的研究[J]. 经济研究，2016（1）：114－126.

[259] Elvidge C D, Ziskin D, Baugh K E, et al. A fifteen year record of global natural gas flaring derived from satellite data [J]. Energies, 2009, 2 (3): 595－622.

[260] 曹子阳，吴志峰，匡耀求等. DMSP/OLS 夜间灯光影像中国区域的校正及应用[J]. 地球信息科学学报，2015，17（9）：1092－1102.

[261] 张军，吴桂英，张吉鹏. 中国省际物质资本存量估算：1952－2000 [J]. 经济研究，2004（10）：35－44.

[262] 杨子晖. 政府规模、政府支出增长与经济增长关系的非线性研究[J]. 数量经济技术经济研究，2011（6）：77－92.